Wilke & Stollberg

EINE NACHT EIN BUCH

Gebrauchsanweisung für die Sternstunden des wilden Lebens

Lübbe

BASTEI LÜBBE TASCHENBUCH
Band 60757

1. Auflage: Oktober 2013

FSC
www.fsc.org
MIX
Papier aus verantwortungsvollen Quellen
FSC® C006701

Originalausgabe

Titelillustration: © shutterstock/Reinhold Leitner
Umschlaggestaltung: Christina Seitz, Berkheim
Illustrationen: Karla-Jean von Wissel, Köln
Satz: Florian von Wissel, hoop-de-la, Köln
Gesetzt aus der GothicBlond & YWFT HLLVTKA
Druck und Verarbeitung: CPI books Ebner & Spiegel
Printed in Germany
ISBN 978-3-404-60757-0

Sie finden uns im Internet unter
www.luebbe.de
Bitte beachten Sie auch: www.lesejury.de

Inhalt

Disclaimer

In diesem Buch findet ihr zahlreiche Ideen und Vorschläge für einen aufregenden Abend. Diese können allerdings eine Gefahr für eure körperliche Unversehrtheit, Beziehung und Karriere bedeuten (vor allem, wenn ihr unbedingt die Handyfilmchen des Abends im Internet posten müsst). Wir raten euch deshalb: Habt Spaß, aber vermeidet Aktionen, bei denen ihr im Krankenhaus oder auf der Polizeiwache landet. Kurz: Tut nichts, das wir nicht auch tun würden ...

Teilnehmer

Yeah, wir verbringen heute einen gemeinsamen Abend:

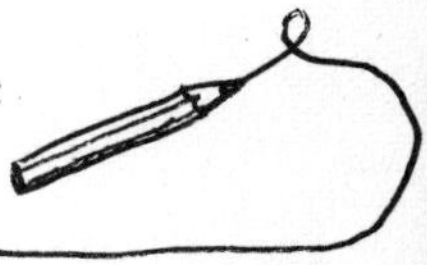

Wir feiern heute

bei

und planen, dass

Unterwegs kennengelernt:

Unterwegs verloren:

Kategorien & Faktoren:

ALKOHOL

BEWEGUNG

BILDUNG

ALBERNHEIT

KREATIVITÄT

PSYCHOLOGIE

PROLL

FREMDKONTAKT

Einleitung

Ja, es gibt sie, diese eine Nacht. Die Nacht, in der die Wahrheit zwischen Bier und fettigen Fritten durchschimmert. Die Nacht, die zur Legende wird, die noch nach Jahren Quelle der besten Running Gags und Anekdoten ist. Diese eine Nacht, von der alle Beteiligten nur noch in verschwörerischem Ton sprechen.
Ihr haltet die Gebrauchsanleitung für die Sternstunden des wilden Lebens in euren Händen. Ein Buch, das euch in Bewegung bringt und am Ende selbst eine wertvolle Erinnerung an Spaß und Hochprozentiges ist, an Freundschaftsschwüre und Selbsterkenntnis.
Dieses Buch besteht, wie jeder gute Abend, aus drei Phasen: der Einstieg zu Hause, der Weg zum Ort des weiteren Geschehens und die Zeit, die man in Bars oder Clubs verbringt. Entsprechend ist auch dieses Buch in drei Kapitel aufgeteilt. Hier findet ihr Spiele und Unternehmungen, die euch einander näherbringen, alkoholisieren und jede Menge Spaß machen. Damit ihr die passende Aktion für euch leichter findet, sind alle Vorschläge mit Kategorien versehen, und zwar nach Alkohol-, Bewegungs-, Bildungs-, Albernheits-, Kreativitäts-, Psychologie-, Proll- und Fremdkontaktfaktor.

Außerdem haben wir den Morgen danach in einem Epilog bedacht, und Platz für Erinnerungen findet ihr auch noch.

Tobt euch aus heute Nacht, das Leben ist bei Tag ernst genug! Auf dass sie euch ewig strahlend in Erinnerung bleibt!

Viel Spaß wünschen euch

Wilke & Stollberg

Zu Hause

Ich trinke für ____________

Prosttrinken: weniger ____________

Prosttrinken: für mehr ____________

Ich trinke auf ____________

Ich trinke gegen ____________

Tagesthemen-Trinken

Bürgerkriege, Bildungsmisere, Bundesliga - das Weltgeschehen ist so grausam, da kann man leicht von Verzweiflung übermannt werden. Der Griff zur Flasche, um den Weltschmerz zu betäuben, liegt da nahe. Doch man kann das Ganze auch spielerisch angehen: Es lebe das Tagesthemen-Trinken!

Dafür braucht ihr ein internetfähiges Gerät sowie selbigen Anschluss. Geht auf die Seite der Nachrichten eures Vertrauens (zum Beispiel tagesschau.de, heute.de oder auch die News von RTL). Jeder Mitspieler überlegt sich nun ein Reizwort des aktuellen Nachrichtendiskurses (zum Beispiel Banken, Terroranschlag, SPD etc). Jedes Mal, wenn das gewählte Wort genannt wird, muss der Spieler trinken - und die Welt sieht schöner aus. Bei zwei aufeinanderfolgenden Wörtern (nervöse Märkte, Euro-Krise) winkt der doppelte Gewinn!

	SUMMEN	MALEN	PANTOMIME	GESAMT
GRUPPE ①				
GRUPPE ②				

Das große Songquiz

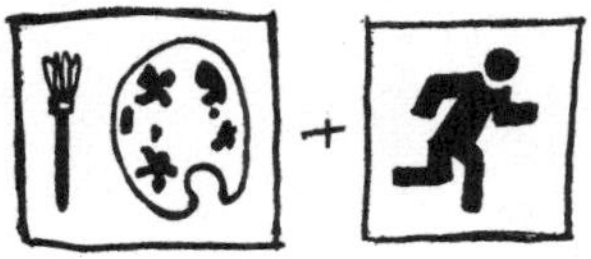

„Und, was hörst du so?“ Diese kleine Frage ist der knallharte Check, ob das Gegenüber den eigenen Musikgeschmack teilt und sich damit als angenehmer Gesprächspartner herausstellt oder ob er sich mit der Antwort „Irgendwie alles“ komplett disqualifiziert. Doch egal, ob Musikexperte oder Charts-Fan, beim nächsten Spiel sind alle gefordert.

Dieses Spiel, bei dem ihr euch in zwei Gruppen aufteilen müsst, besteht aus drei Runden. In der ersten Runde geht es darum, selbst zu musizieren. Jede Gruppe stellt dafür abwechselnd Kandidaten. Auf den folgenden Seiten steht rechts unten in der Ecke jeweils ein Liedtitel, die der Kandidat nacheinander (überspringen gilt nicht!) summen muss - es geht also nur um die Melodie ohne den Text. Errät seine Gruppe das Lied, darf er mit dem Nächsten weitermachen. Er hat eine Minute Zeit, danach ist der erste Kandidat der anderen Gruppe dran, der da weitermacht, wo die erste Gruppe stehen geblieben ist. Die Gruppen wechseln sich ab, bis alle Lieder erraten sind. Für jedes erratene Lied gibt es einen Punkt.
In Runde zwei sollt ihr die Lieder, die ihr nun ja schon kennt, malen. Diesmal wählt ihr die Reihenfolge durch zufälliges Seitenaufschlagen, aber auch hier dürft ihr nur dann mit einem neuen Lied anfangen, wenn das erste von eurer Gruppe erraten wurde. Bei den Seiten mit den erratenen Liedern könnt ihr einfach die Ecke umknicken, damit sie in dieser Runde nicht noch mal drankommen. Wieder hat jeder Kandidateine Minute Zeit, und für jedes erratene Lied gibt es einen Punkt.
In der dritten Runde, bei der die Reihenfolge der Lieder wieder zufällig neu gewählt wird (diesmal einfach bei den erratenen Liedern die Ecken wieder ausklappen), geht es darum, die Lieder pantomimisch darzustellen. Eine Minute, fertig, los!

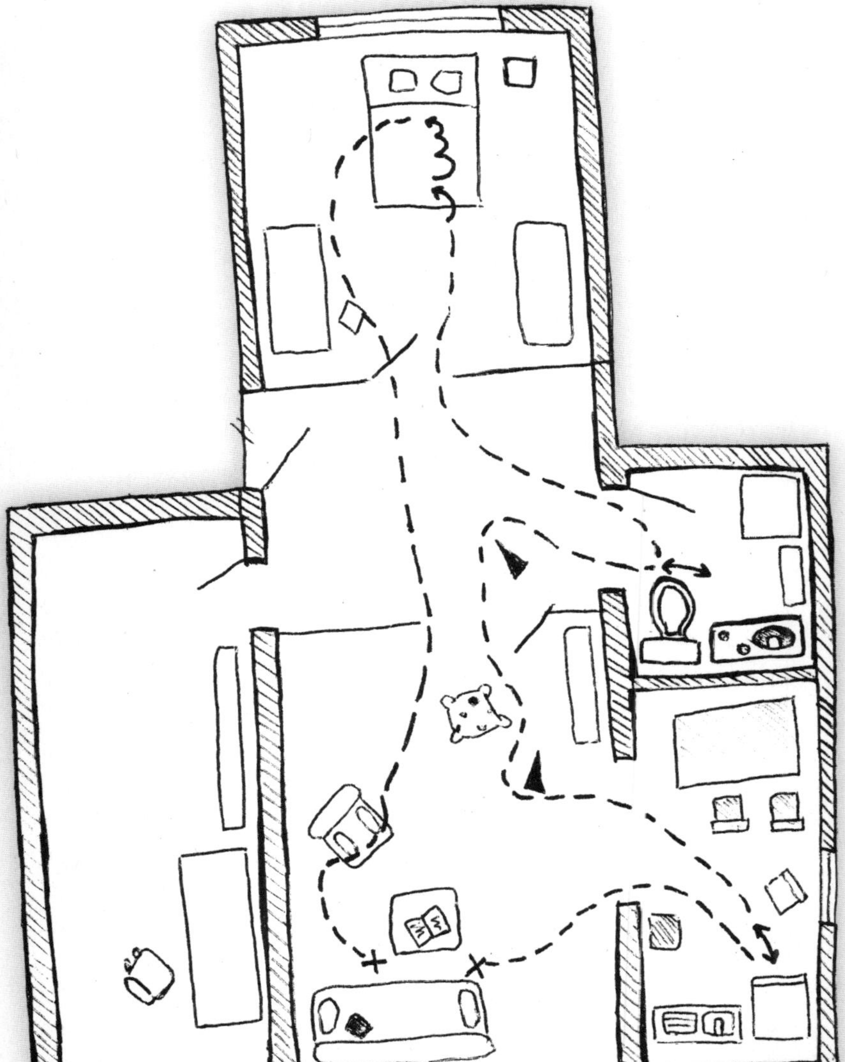

Schnaps-Parcours

Eine gute Party ist wie das richtige Leben: Es gibt gute Zeiten (mit Freunden Sekt und Bier genießen), aber auch zu überwindende Hindernisse (holpriger Small Talk mit fremden Menschen und der sozialverträgliche Kampf um die letzten Chips). Aber wie heißt es so schön: Wenn das Leben dir eine Zitrone reicht, frag nach Salz und Tequila ... **Zeit also für Hindernisse der besonderen Art, damit ihr euch danach umso vergnügter den Gewinn gönnen könnt!**

Teilt euch in zwei Gruppen auf, und macht nacheinander einen Staffellauf durch die Wohnung. Balanciert dabei so viele Schnapsgläser auf dem Buch, wie eure Gruppe Mitglieder hat. Am Ende dürfen so viele Leute Schnaps trinken, wie noch Gläser aufrecht stehen (wer Sauereien vermeiden will, füllt die Gläser erst nach absolviertem Lauf). Die Gruppe, bei der nach einem kompletten Staffeldurchgang die meisten Gläser aufrecht stehen, hat gewonnen und darf sich eine Belohnung von S. 214 aussuchen.

Die Laufstrecke ist je nach Wohnung naturgemäß unterschiedlich lang. Ihr solltet aber immer den Rundgang durch Küche (jeder Kandidat trinkt dort ein Glas Leitungswasser) und Bad (einmal das Fenster öffnen bzw. der Nächste schließen – alternativ den Klodeckel hoch- und runterklappen) einplanen, um im Wohnzimmer den Endspurt hinzulegen. Dort solltet ihr mindestens über einen Stuhl steigen, euch eine Runde im Schreibtischstuhl drehen und schließlich im Slalom um drei Aktenordner zum Ziel laufen.

Madonna: La Isla Bonita

Alkohol-Lobbyist

Jugendschutzbeamter

Teenager

Teenager

Teenager

Teenager

Teenager

Teenager

Teenager

Teenager

Teenager

Teenager

Unter den Tisch saufen

Nun ist es an der Zeit, gegen die Alkohol-Lobby, die nur Geld im Sinn hat, zu kämpfen. **Für eine unbeschwerte, reine Jugend!**

Ein Freiwilliger meldet sich als Jugendschutzbeamter alias Spielleiter. Er verteilt Zettel mit geheimen Rollenzuteilungen an die Spieler: Einer ist Alkohol-Lobbyist, alle anderen Teenager.
Auf ein Zeichen des Jugendschutzbeamten schlafen alle Anwesenden ihren Rausch aus und schließen die Augen. Nur die Alkohol-Lobby wacht auf ein weiteres Beamtensignal heimlich auf und bedeutet mit Blicken und Gesten dem Jugendschutzbeamten, welchen Teenie er außer Gefecht setzt. Nun werden alle Teenies vom Jugendschutzbeamten geweckt, der verrät, wer sich unter den Tisch gesoffen hat beziehungsweise dazu von der Alkohol-Lobby verführt wurde. Dieser Koma-Teenie setzt sich kurz unter den Tisch und trinkt.
Die Teenies müssen sich per Diskussion und Endabstimmung auf eine Vermutung einigen, wer der Alkohol-Lobbyist sein könnte. Ist diese Vermutung korrekt, ist dieser entlarvt, die Jugend rein wie eh und je und das Spiel zu Ende.
Fällt der Verdacht auf einen unschuldigen Teenie, gehört dieser nun auch zu den Alkoholopfern, und das Spiel geht wieder mit erneutem Augenschließen und neuem Koma-Opfer weiter … Gespielt wird, bis der Alkohol-Lobby das Handwerk gelegt wurde oder bis alle Teenies besoffen unter dem Tisch liegen.

Bob Dylan: Knockin' On Heaven's Door

VERSPRECHER			
Name	1. Runde um _ Uhr	2. Runde um _ Uhr	3. Runde um _ Uhr

Grießbrei bleibt Grießbrei,
und Kriegsbeil bleibt Kriegsbeil

Schnecken erschrecken, wenn Schnecken an Schnecken schlecken,
weil zum Schrecken vieler Schnecken, Schnecken nicht schmecken.

Laura liebt Rauchlachs mit Lauchreis.
Lauchreis mit Rauchlachs liebt Laura.

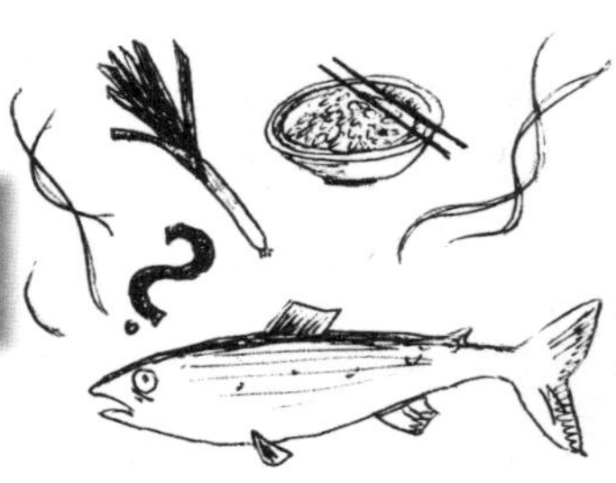

Zungenbrecher-Contest

Fischers Fritze fischt frische Fische und so feiter und so frort ...

Verbalakrobaten nach vorn, denn nun soll geklärt werden, wer der sicherste Wortabwickler und Phrasendrescher ist! Tretet in den Wettbewerb um die sicherste Silbenführung!

Jeder darf sich einen Zungenbrecher aussuchen, den er möglichst rasch und fehlerfrei vorträgt. Was euch am Anfang des Abends noch relativ leichtfallen dürfte, wird mit zunehmender Stunde immer schwieriger: Wiederholt darum den Wettbewerb in zwei und vier Stunden noch einmal (am besten stellt ihr euch einen Wecker).

Das Schleimschwein schleimt schweinisch im Schleim,
im Schleim schleimt schweinisch das Schleimschwein

Klitzekleine Katzen kotzen klitzekleine Katzkotzbrocken,
klitzekleine Katzkotzbrocken kotzen klitzekleine Katzen.

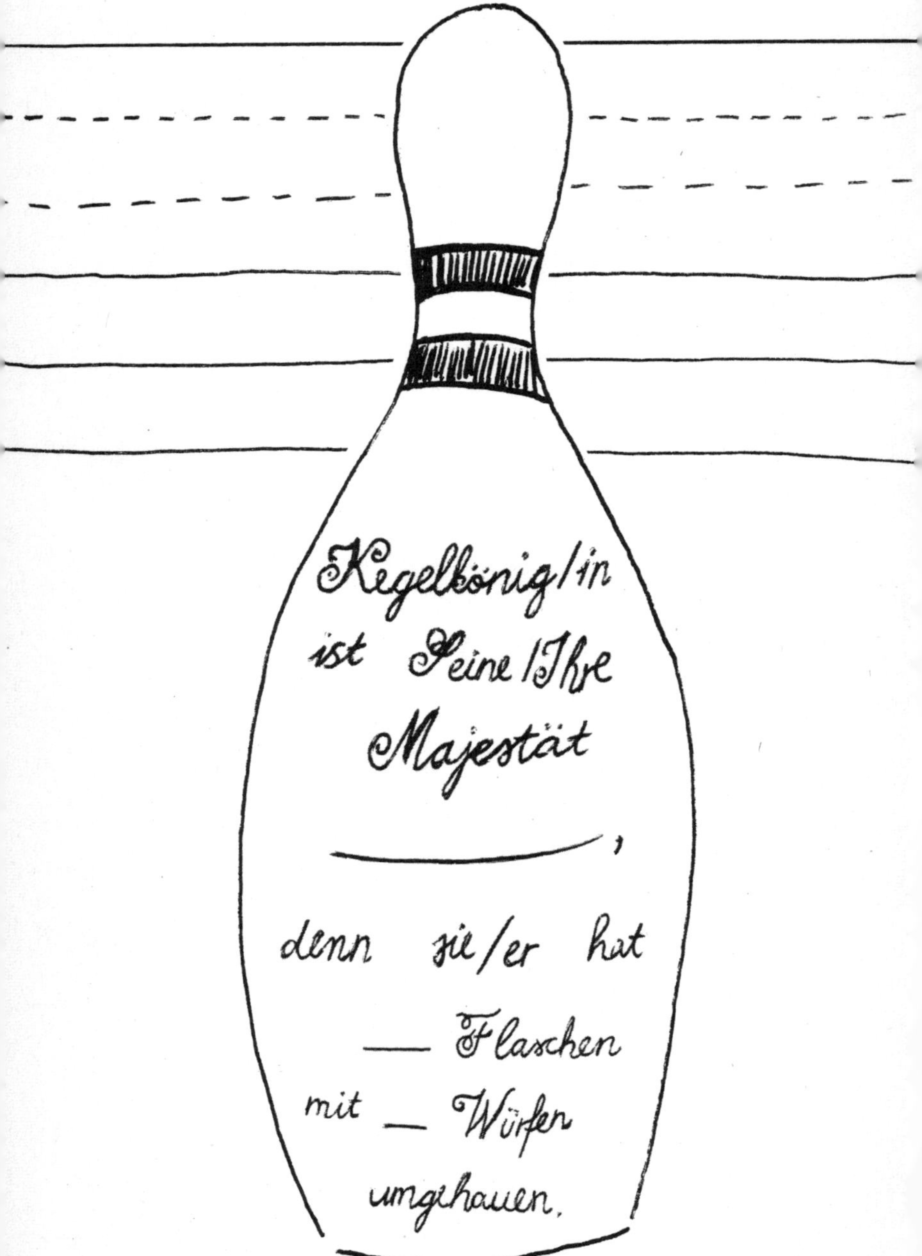
Kegelkönig/in
ist Seine/Ihre
Majestät
______,
denn sie/er hat
__ Flaschen
mit _ Würfen
umgehauen.

Kegelbrüder & -schwestern sollt ihr sein

Na, habt ihr schon ein paar Flaschen geleert? Sehr gut, damit haben wir schon die nötigen Utensilien für einen fröhlichen Kegelabend. Wie das gehen soll ohne Kegelbahn und Kugel? Natürlich mit eurer Superuniversalkugel aus recyceltem Papier und wiederverwertbarem Inhalt: das Buch in euren Händen! Ihr findet es seltsam, mit einem eckigen Ding zu kegeln? Ihr solltet wirklich aufhören, in solch festgefahrenen Strukturen zu denken! Ein wahrer Kegelkönig haut sie nämlich alle um, egal wie!

Stellt neun leere Flaschen auf, und versucht, sie aus gebührendem Abstand mit dem Buch umzuschleudern. Die Flaschen sollten aus Plastik sein, bzw. wenn ihr keine Plastikflaschen habt, solltet ihr ein Handtuch drunterlegen, sonst gibt's Scherben und/oder Ärger mit den Nachbarn. Jeder hat drei Versuche, alle Flaschen umzuhauen. Der Sieger kriegt von den anderen eine Kegelkönigskrone oder andere Insignien seiner Hoheit gebastelt und lässt sich, bis der nächste Sieger gekrönt ist, mit **„Eure Majestät“** ansprechen.

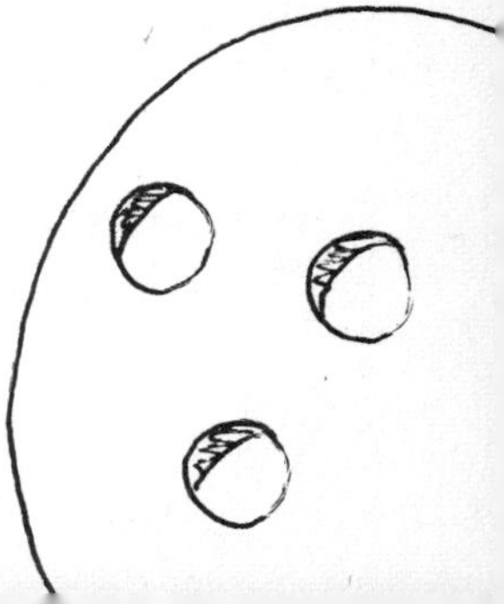

SHOW-OFF-CHAMPION Runde 1 ist ________________ mit ____________

SHOW-OFF-CHAMPION Runde 2 ist ________________ mit ____________

SHOW-OFF-CHAMPION Runde 3 ist ________________ mit ____________

Die Show-off-Show

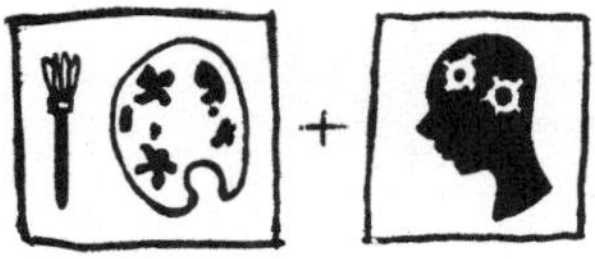

Ein gepflegtes Brustgeklopfe, eine galante Selbstüberhöhung, das Angeben in der großen Runde will gelernt sein! **Bei der Show-off-Show kürt ihr die Meister des Eigenlobes.**

Der kleinste Mitspieler beginnt und gibt eine Tatsache der Superlative vor. Reihum bestätigen oder bezweifeln die Anwesenden die genannte Tatsache. Zweifler fordern den Angeber heraus und müssen ihn überbieten, entweder im direkten Wettkampf oder mit Überbietung der Fakten. Wird der Show-off-Hero nicht überboten, gewinnt er und belohnt sich mit Seite 214/215. Gibt es keine Zweifler an seinem Superlativ, ist er ebenfalls der Gewinner.

Wer hat den schlechtesten Schulabschluss? Wer kann am schnellsten buchstabieren, am lautesten rülpsen, und wer hat im höchsten Stockwerk oder in der kleinsten Bude gewohnt? Jetzt lohnt sich jeder Rekord.

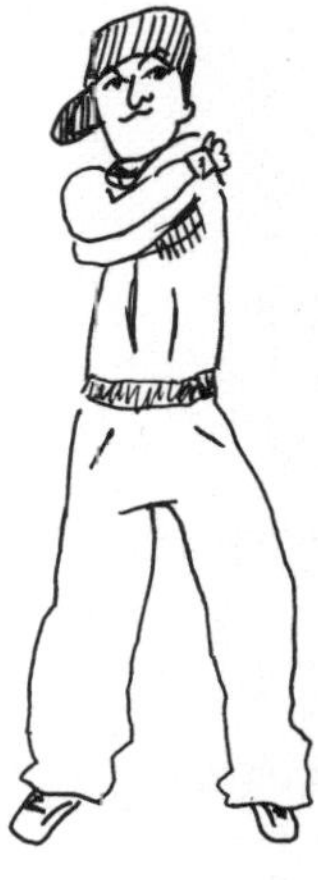

Gotye: Somebody That I Used To Know

5

Das Gespenst des Kapitalismus – unter meinem Bett!

Von diesem Gespenst haben wir alle schon gehört, aber dass es sich nun schon auf Privatveranstaltungen herumtreibt, ist schockierend! Andererseits sagen wir zu einem risikoarmen, kurzfristigen Gewinn auch nicht Nein …

Als die kleinen Kapitalisten, die wir doch alle sind, investieren wir gern in ein todsicheres Geschäft! Jeder Mitspieler steckt drei Euro in einen Briefumschlag, der unter dem Bett des Gastgebers verstaut wird. Nun gelten die Regeln des Raubtierkapitalismus, der nur die schlechtesten aller schlechten menschlichen Eigenschaften begünstigt: Wer gierig und geschickt ist, gewinnt.
Das heißt in unserem Fall: Wer es schafft, heimlich den Umschlag mit dem Gesamtvermögen unter dem Bett hervorzuholen, darf ihn einstecken. Wird er dabei aber ertappt, muss er einen Euro Transaktionssteuer draufzahlen, und das Geschäft geht weiter, bzw. der Umschlag bleibt unterm Bett. Schafft es niemand, den Umschlag vor dem Aufbruch in die Nacht einzustecken, wird alles als Dividende an die Aktionäre ausgeschüttet – es gibt also Schnaps für alle.
Hat sich aber ein Mitspieler den Umschlag geschnappt, schlägt der Sozialstaat zu und verlangt ordentlich Steuern, die in Schnaps für alle investiert werden!

Lady Gaga: Poker Face

DIE MÄRCHENHAFTE FOTOGALERIE

Der märchenhafte Abend

Märchen sind etwas für Kinder? Von wegen! Nichts unterhält mehr in fröhlicher Runde mit seinen Kumpanen, als den Märchenonkel mal alt ausschauen zu lassen und mit hollywoodreifen Schauspielkünsten sowie messerscharfer Intelligenz (wie sie sonst nur die böse Hexe hat) selbst ein Märchen wahr werden zu lassen. Müssen die anderen nur noch erraten, welches!

Der jüngste Spieler beginnt und stellt ein Märchen (im weitesten Sinne, ja, auch Shrek zählt dazu) pantomimisch mit Hilfe von Accessoires dar. Die Runde rät und dokumentiert mit Fotos.
Da beißt Hanna herzhaft in ein rotes Käppi. Hier legt Michi sein Haupt darnieder auf stacheligen Metal-Armbändern. Und wieso schläft Steffi mit sieben Männern? Ach, sie sind einfach nur mit Leib und Seele der böse Wolf aus Rotkäppchen, Dornröschen und Schneewittchen.

Matthias Reim: Verdammt ich lieb dich

Ich wähle die ______ (Partei der Wahl nennen)
Die Rolling Stones überleben uns alle
Ich bin homosexuell
Ich liebe mein Fahrrad
Ich kündige meinen Job
Nie wieder Chili

Position beziehen

Das Grundrecht der Redefreiheit hat eine lange Geschichte: Die Griechen hatten ihre Agora, die Römer das Forum Romanum und der Verrückte von nebenan die Fußgängerzone. Aber es geht auch wesentlich einfacher. Steig auf einen Stuhl, und schreie laut und deutlich in die Welt hinaus, wofür, wogegen oder weswegen du bist!

Steigt abwechselnd auf den Redestuhl, und gebt eure Meinung zum Besten. **Maximale Redezeit ist eine Minute!** Und weil klare Positionen in dieser immer komplizierteren Welt gern gehört werden, jubeln dir deine Freunde am Fuße des Stuhls natürlich laut zu!

__________ ist die beste Stadt der Welt

Ich hasse den Winter

Ich will mehr Schnaps trinken

Ich bin dein Vater

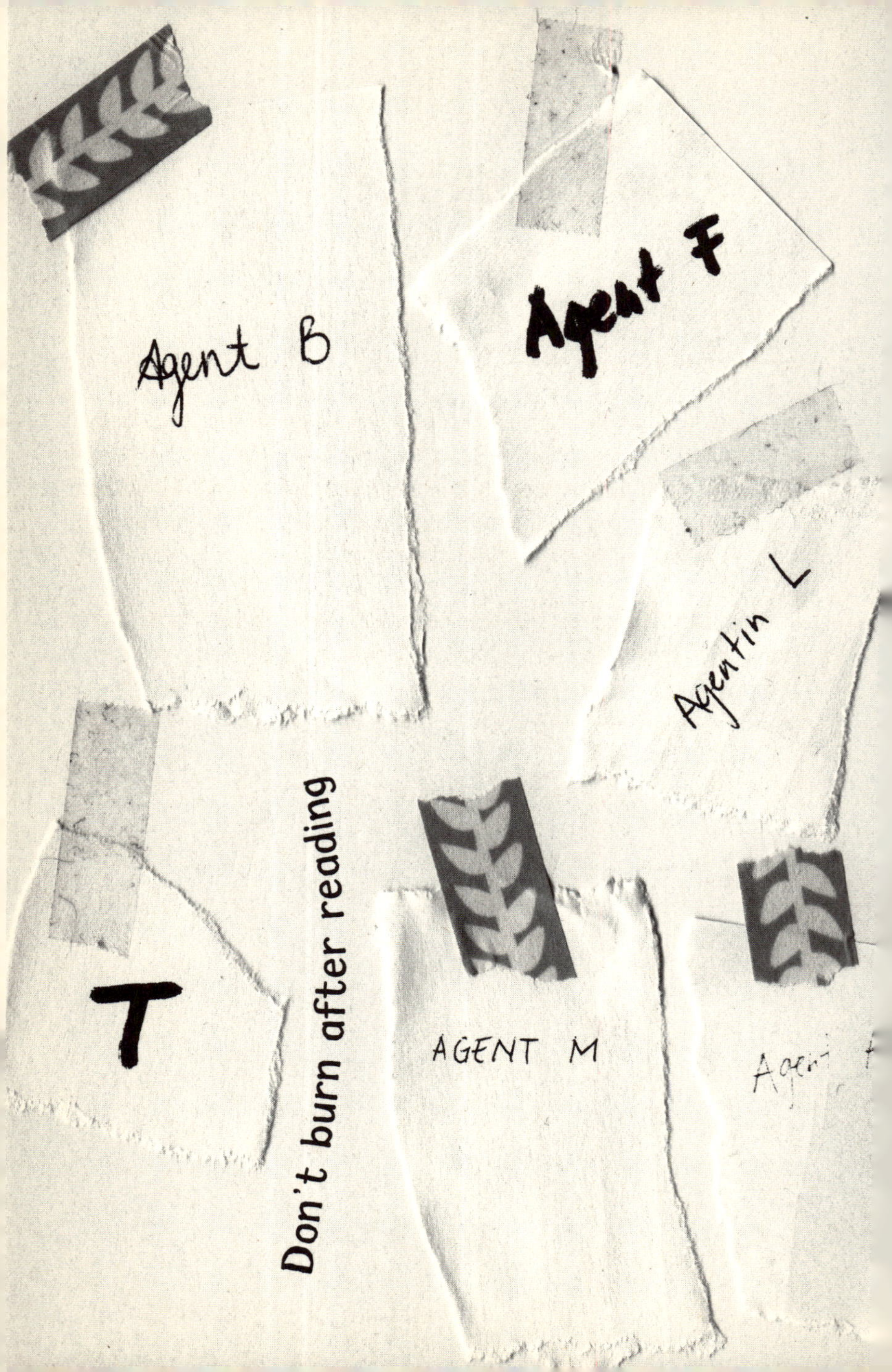
Agent B
Agent F
Agentin L
T
Don't burn after reading
AGENT M

Mission Possible

Ob nun die CIA, das Raumschiff Enterprise oder die Zeugen Jehovas, alle haben sie: eine Mission. Höchste Zeit also, dass auch ihr bei diesem supergeheimen Zeitvertreib mitmachen könnt. Und wer wäre ein besserer Auftraggeber und ein besseres Ziel für die **„Mission der Nacht“** als eure Mitagenten?

Jeder denkt sich eine Mission des Abends aus und beschreibt sie kurz auf einem Zettel. Alle Zettel werden gemischt, und jeder zieht seine persönliche Mission (mit Tesa verkehrt herum ins Buch kleben!). Im Laufe des Abends versuchen alle, ihre Mission zu erfüllen, über deren Ziel natürlich Stillschweigen herrscht. Nach vier Stunden (Handywecker stellen: x plus 240 Minuten) werden die Zettel umgedreht und kontrolliert, wer seine Missionen erfüllt hat.

Schafft es Agent **P** auf der Cupido Mission, Zielobjekt **A** zu verkuppeln? Wird Agent **B** Zielobjekt **M** um seine Geldbörse erleichtern, und wird Agent **G** auf Bildungsmission Zielobjekt **W** die ungarische Nationalhymne beibringen?

Michael Jackson: Billie Jean

Die einfachste Variante des Partyhuts (aka Malerhütchen) geht so:

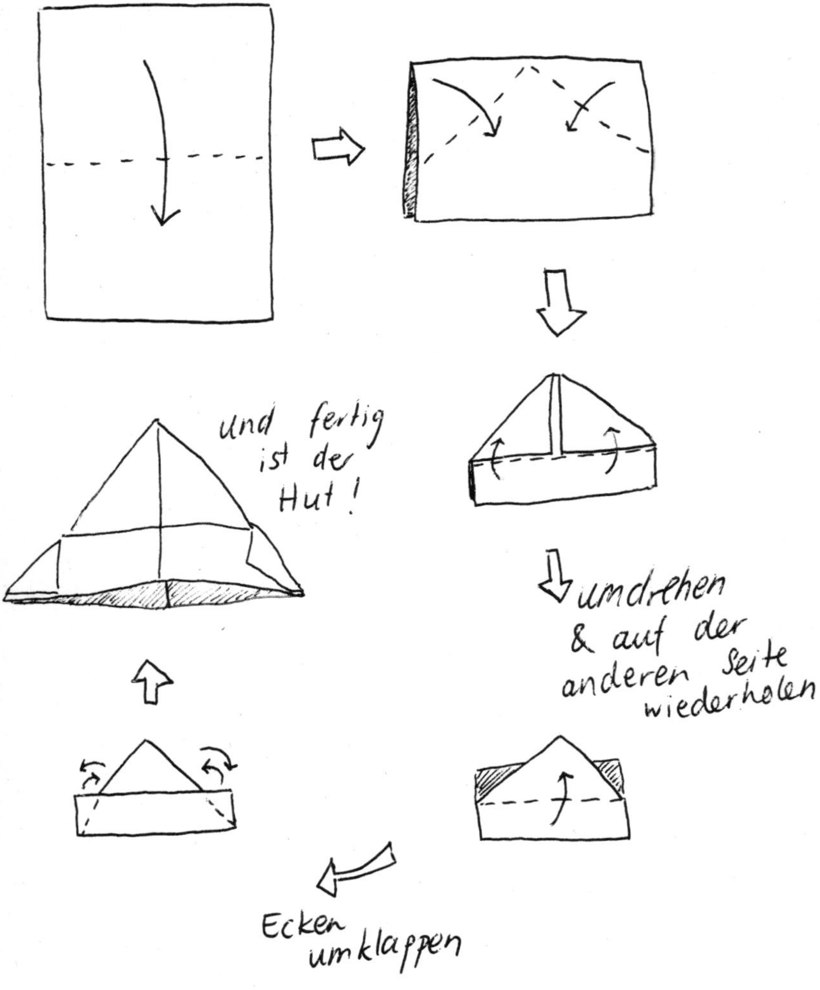

Nun könnt ihr ihn natürlich noch mit Bieretiketten, einer Kronkorkenkette oder Lippenstiftzeichnungen verzieren. So ein Hut eignet sich natürlich auch prima als Peacocking-Element (siehe S. 72).

Mein Hut, der hat drei Ecken - der perfekte Partyhut

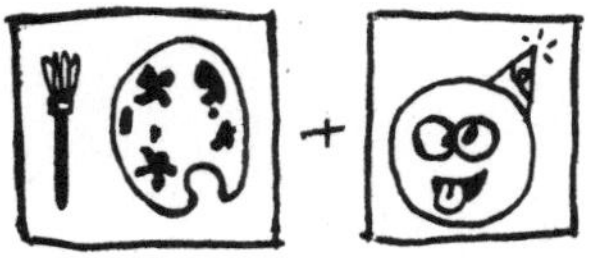

Dass Schuluniformen das Gemeinschaftsgefühl stärken und soziale Ungleichheit überbrücken, wissen wir nicht nur dank Hanni und Nanni, das haben sogar Wissenschaftler bestätigt. Ähnlich ist es auch beim Partyhut: Wer den Hut trägt, ist dabei. Verschiedene Getränke- und Musikvorlieben spielen dann keine Rolle mehr.

Zuerst müssen die Hüte aber noch gebastelt werden, und da ist natürlich der im Vorteil, der große, bunte Zeitungen hat. Besonders gut eignet sich der Reiseteil, aber auch großformatige Werbeeinwürfe sind hübsch, wenn einen der Schinken im Haar nicht stört.

David Bowie: Heroes

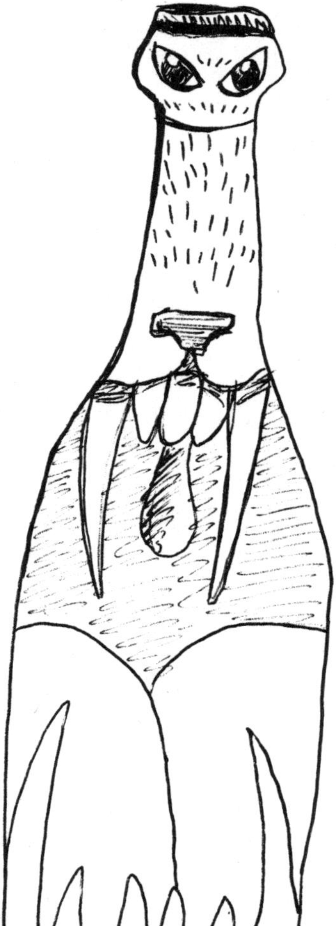

1001 Nacht – das sind 1001 Geschichten

Arme Haremsdamen im Morgenland mussten sich oft um Kopf und Kragen reden und mit einer spannenden Erzählung den eigenen Tod hinauszögern. Jetzt seid ihr dran zu beweisen, dass ihr, um Schande und Schmach zu vermeiden, die spannendste Story erfinden könnt!

Der Spieler mit den meisten Knöpfen an der Kleidung beginnt, eine Geschichte zu erzählen. Er muss dabei mindestens eine Minute sprechen. Währenddessen hält sein linker Nachbar, der auch gleichzeitig auf die Uhr schaut, im Laufe der Erzählung einen Gegenstand hoch, den der Spieler in seine Geschichte einbauen muss. Schafft er das nicht, wird er mit einer Aktion von Seite 216/217 bestraft. Bleibt er redselig, belohnt er sich mit einem Schluck Bier, und der linke Nachbar führt die Fabel fort.

„Es war einmal ein kleines Mädchen, das ging in den Wald und sah dort eine Bierflasche, und es sagte, ‚Oh, du liebe Bierflasche, wieso hast du denn so einen langen Hals?' – ‚Damit du mich besser trinken kannst'."

Balu der Bär: Probier's mal mit Gemütlichkeit

Weintrinken mit Hindernissen

So mühelos füllen sich Gläser um Gläser in eurer Runde, so selbstverständlich fließen in eurer paradiesischen Welt Milch und Honig (also Wein und Nachos mit Käse)! Das lässt sich aber kurzerhand mit ein paar Hindernissen ändern: Schaut, wer jetzt so blitzschnell und vom Glück gesegnet ist und an seine Luxusgüter herankommt.

Verpackt eine noch ungeöffnete Weinflasche in Papier, und verknotet die Enden mit einer Schnur. Legt einen Würfel, Handschuhe, Mütze, Schal, Messer und Gabel und ein Glas bereit. Der Spieler mit der größten Wohnung beginnt. Reihum wird gewürfelt: Wer eine Sechs hat, zieht sich die volle Montur an und versucht, mit Messer und Gabel die Flasche auszupacken, während die anderen Mitspieler weiterwürfeln. Fällt die nächste Sechs, darf der glückliche Würfler das Projekt Weinflasche fortführen und sich an das Auspacken, Öffnen und Einschenken unter erschwerten Bedingungen machen. Gespielt wird, bis die Flasche leer ist – oder alle durchgeschwitzt sind.

Katrina and the Waves:
Walking On Sunshine

Ich, ____, trete von meinem Posten
als ____ zurück,
wegen ____,
gez.: ____
Ich, ____, trete von meinem Posten
als ____ zurück,
wegen ____
gez.: ____
Ich, ____, trete von meinem Posten
als ____ zurück,
wegen ____,
gez.: ____

Verkünde deinen Rücktritt

Wulff tut es, zu Guttenberg tut es, und sogar der Papst hat es getan. Alle sehnten sich nach Einsamkeit und Ruhe, ein Wunsch, der mit zunehmendem Bierkonsum auch dir nicht fremd sein wird: die Sehnsucht nach dem stillen Örtchen. Darum ist es an der Zeit, dass auch du dein Rücktrittsgesuch einreichst und bei einer Pressekonferenz deine Gründe für das überraschende Ausscheiden aus dem Geschehen darlegst.

Jeder, der auf Toilette gehen muss, trägt seinen Mitspielern eine einminütige Rücktrittsrede vor, in der er seine Motivation erklärt. Wenn es schnell gehen muss, kann er auch einen Pressesprecher ernennen, der seine Aufgabe verantwortungsvoll übernimmt. Die Rücktrittsgründe werden im Archiv gesammelt.

Wenn es dann nach dem dritten Bier so weit ist, sollten sich die Rücktrittsgründe möglichst nach dem entsprechenden Ressort oder tages- und nachtpolitischen Skandalen richten. So verabschiedet sich die Ministerin für Ernährung wegen zu geringer Abnahme der Käse-Tacos, der Verteidigungsminister wegen Sitzplatzverlusts an andere Gäste oder Vorsitzende der süddeutschen Bier-Lobby wegen gescheiterter Verhandlungen zur allgemeinen Freibierversorgung.

Peter Fox: Haus am See

N
W
O
S
START
ZIEL

Die Schatzinsel

Schätze pflastern heute Nacht euren Weg, aber der größte Schatz, da sind sich fast alle einig, ist der Perlwein oder das flüssige Gold, sprich Sekt oder Bier. Doch wo hat euer Wirt diese eine (wert-)volle Flasche in seinem Lager versteckt? Macht euch auf die abenteuerliche Suche über die sieben Meere oder auch nur über die zwei Zimmer des Piratennestes, in dem ihr feiert.

Dieses Spiel benötigt eine Vorbereitung durch den Gastgeber, in dessen Wohnung gefeiert wird, und durch eventuell einen Adjutanten. Die beiden verstecken die Hinweise zum Rausreißen (S. 223) in der Wohnung so, dass ein Hinweis auch wirklich zum anderen führt. Und natürlich verstecken sie auch den Schatz, eine (wert-)volle Bier-/ Sektflasche. Der erste Hinweis wird den Suchenden ausgehändigt, nachdem auf das mysteriöse Fehlen der besonderen Flasche aufmerksam gemacht wurde. Später markieren Gastgeber & Co. die Irrungen und Wirrungen ihrer Piratentruppe auf der Suche nach dem gelben Gold auf der Schatzkarte links.

Die Ärzte: Westerland

Unsere kleine Klapse

Wir brauchen keinen Therapeuten, um festzustellen: Ja, wir sind alle ein bisschen verrückt. Aber wie genau lautet die Diagnose? Welche Gläser fehlen genau in der Bar? Versucht euch als Zwangsneurotiker und Psychiater, und rückt euren Mitinsassen in der Anstalt den Kopf gerade!

Jeder Mitspieler überlegt sich eine persönliche Zwangsneurose und spielt im Laufe des Abends immer auffälliger die Symptome. Der erste Therapeut, der die richtige Diagnose stellt, belohnt sich mit einem saftigen Honorar bzw. einer Aktion von Seite 214/215.

Patient 1 dreht sich ständig um und schaut, ob er nicht verfolgt wird. Patient 2 rückt panisch die Gläser zu einer geometrischen Form zusammen. Patient 3 erwähnt in jedem Satz seine Mama.
Willkommen in der Klapse!

Nirvana: Smells Like Teen Spirit

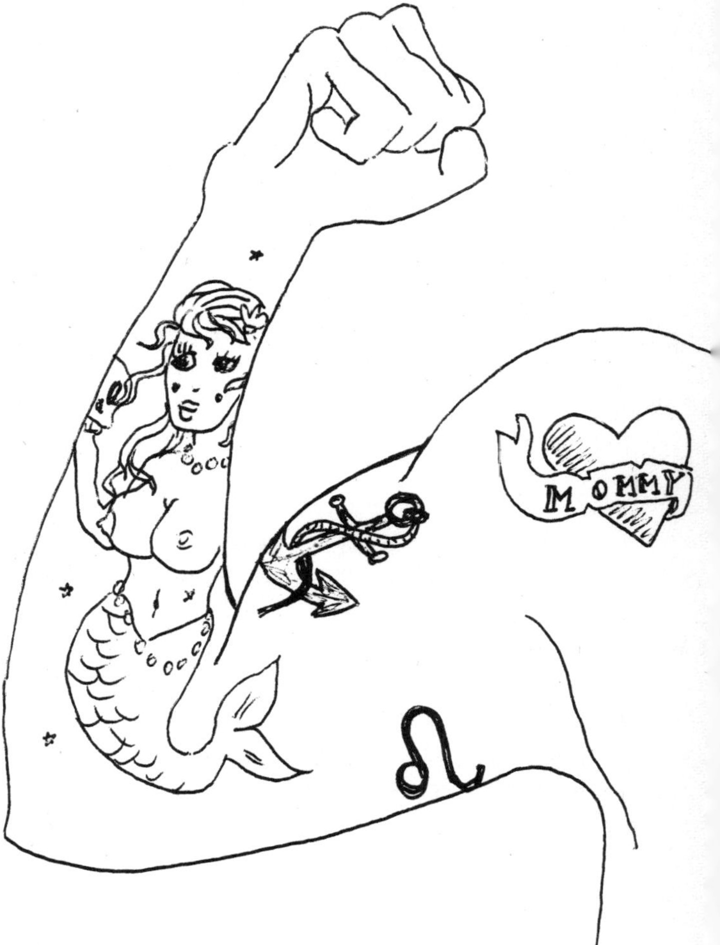
MOMMY

Das One-Night-Tattoo

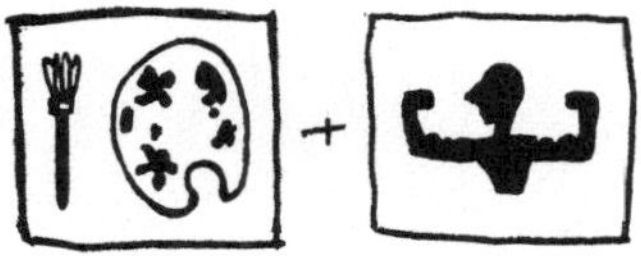

Ob auf Englisch, mit Tieren oder der Name der Mama: So verschieden die Motive von Tätowierungen sind, so identisch sind ihre unangenehmen Seiten: die Sache mit dem Schmerz und der Endgültigkeit. Deshalb wünschen sich zwar viele Leute ein Tattoo, trauen sich aber nicht. Doch wie heißt es so schön: **Mit Wünschen sollte man vorsichtig sein, sie könnten in Erfüllung gehen …**

Schnellleser aufgepasst: Wählt die Glücklichen aus, die diese Seite noch nicht gelesen haben, und stellt ihnen die unschuldige Frage, wie denn ihre natürlich rein hypothetische Tätowierung aussehen solle. Dann verkündet den Auserwählten ihren Glückstag, denn rein zufällig hat gerade einer von euch eine Zusatzausbildung als Tätowierer abgeschlossen – und gibt nun mit Kuli oder Filzstift eine Kostprobe seines Könnens. Doch Achtung: keine Gewalt und kein Mobbing! Die wahre Kunst liegt in der Kraft der Überzeugung …

Justice vs. Simian:
We Are Your Friends

Erfahrung ist gut, Kontrolle ist besser:

Die offizielle Alkoholgehalt-Schiedsrichtertabelle

Alle Wodkas hauen rein

Juhuuu, jetzt geht's ab! Entdeckt eure Ghetto-Wurzeln, und lasst den inneren Proll in euch raus! Hebt die Arme und den Alkoholpegel. Doch selbst bei all dem Gegröle wird auch noch was gelernt! Schließlich haben wir hier einen Bildungsauftrag.

Denn es gibt auch eine Ü16-Version von „Alle Vögel fliegen hoch", und die geht so: Wie gewohnt trommeln alle Spieler mit den Zeigefingern auf den Tisch. Nur ruft der Ansager – reihum wechselnd – statt der möglichen Flugobjekte ein Getränk aus, samt der Annahme, ob's nun rein haut oder eben nicht. Die Mitspieler bestätigen oder widerrufen seine Ansage wie im bekannten Spiel (zur Erinnerung: Ja heißt Arme hoch, bei Nein weiterklopfen). Rein hauen bei diesem Spiel alle Getränke mit einem Alkoholgehalt von über 10 Prozent. Wer sich verschätzt, scheidet aus. Dabei verlässt man sich bitte nicht auf seine individuellen Erfahrungswerte, sondern auf die Tabelle links. Die Ausgeschiedenen genießen ihr Getränk weiter in gepflogener Art und schauen auf die fliegenden Prolls herab.

Time Of My Life (der Song aus Dirty Dancing)

SMS-Roulette

Wäre es nicht spannend, wenn man von einem völlig fremden Menschen eine Nachricht bekäme? Was steckt dahinter? Der Beginn einer Liebesgeschichte? Ein psychopathischer Stalker? Vielleicht aber auch nur eine Gruppe Betrunkener? Oder alles auf einmal? Beim SMS-Roulette bringt ihr das Spiel ins Rollen!

Jeder gibt seinem linken Nachbarn eine Handynummer, an die dieser eine SMS schickt. Wem die gehört, darf man natürlich nicht verraten … Für noch mehr Abenteuer sorgt es, wenn einem der rechte Nachbar auch noch den Text der SMS diktiert. Aber Leute: **freundlich bleiben!**

The Smiths: There Is A Light That Never Goes Out

Wenn man sich Babys mal genauer anschaut, sind sie ziemlich hässlich

- Es ist mir egal, wenn die Umwelt zerstört wird, ich lebe eh nur noch 50 Jahre

Wer an Gott glaubt, hat einfach nicht genug nachgedacht

- Wer nicht an Gott glaubt, hat einfach nicht genug nachgedacht

Ich finde Dicke eklig

- Haustiere sind etwas für einsame Leute

Diese ganzen Pleite-Banker gehören enteignet

- Wenn ich mal die Chance habe, verdiene ich auch `nen Arsch voll Geld, und die anderen sind mir egal

Ich lese die Bild – und das nicht nur wegen des Sportteils

- Ich würde sofort Ritalin nehmen, wenn ich damit besser arbeiten könnte

Bio-Gemüse schmeckt gar nicht besser

- Bio-Gemüse ist aber besser für die Umwelt, und wer das nicht kauft, ist asi

Kinder in die Welt setzen ist heutzutage unverantwortlich

- Der Islam ist eine von Natur aus antidemokratische Religion

Wer keine Kinder kriegt, ist ein Egoist, bei dem sich alles um ihn selbst dreht

- Frauen haben ein Opferabo

Männer und besonders Jungs werden viel zu oft diskriminiert

- Die meisten Männer glauben immer noch an die klassischen Geschlechterrollen

Eine Frau darf vor lauter Karriere ihre Weiblichkeit nicht verlieren

- Kinder und Karriere sind vereinbar

Tanz dir deine Meinung

Es gibt ja brisante Themenfelder und provokante Aussagen, denen wir zwar manchmal zustimmen, es aber nicht so recht zu sagen wagen. Wie gut, dass man manchmal gar nichts sagen muss – und stattdessen dieses Spiel spielen kann!

Um den anderen mal richtig eure Meinung nicht zu sagen, braucht ihr eine Tanzfläche und Musik. Wir haben hier einige steile Thesen aufgestellt (ihr könnt euch natürlich noch viele weitere ausdenken), über die man sich prächtig streiten kann, wenn man darüber spricht. Wir wollen aber weder sprechen noch streiten, sondern sie einfach mal in den Raum stellen. Einer von euch macht den Ansager. Wenn ihr die Thesen ablehnt, bleibt ihr stocksteif stehen. Wenn ihr ihnen aber zustimmt, dann tanzt! Von ein wenig Hin- und Herwippen für „etwas Wahres ist schon dran“ bis hin zu wildem Drehen und Springen, wenn es euch aus dem Herzen spricht. Dann merkt ihr beim Tanzen gleich, wer auch sonst im Leben gut zu euch passt.

Fettes Brot: Jein

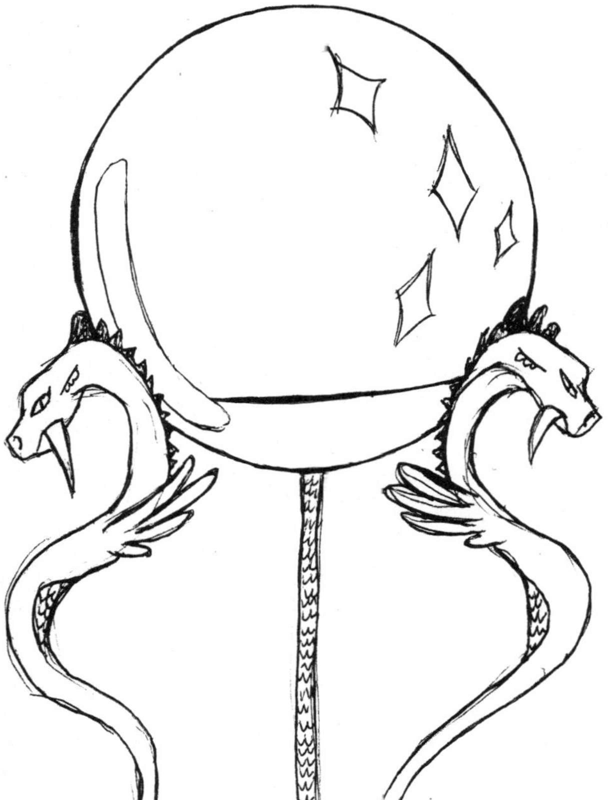

DIY-Orakel

Schwarzseher wünschen es sich genauso wie Rosarotebrillenträger: einen kleinen Blick in die Zukunft! Doch Astrohotlines sind zu teuer, Handlesen ist zu schwierig, und Kaffeesatz bleibt zu wenig in der Tasse hängen. Kein Problem, hier könnt ihr euer eigenes kleines Orakel für unterwegs basteln

Für die schnelle Zukunftsvorhersage zwischendurch einfach den Würfel zusammenbasteln. Entscheidet euch vorm Würfeln laut für eine Schriftart, und sichert euch dann euren persönlichen Orakelspruch. Kristallklarer kriegen die Profis das auch nicht hin!

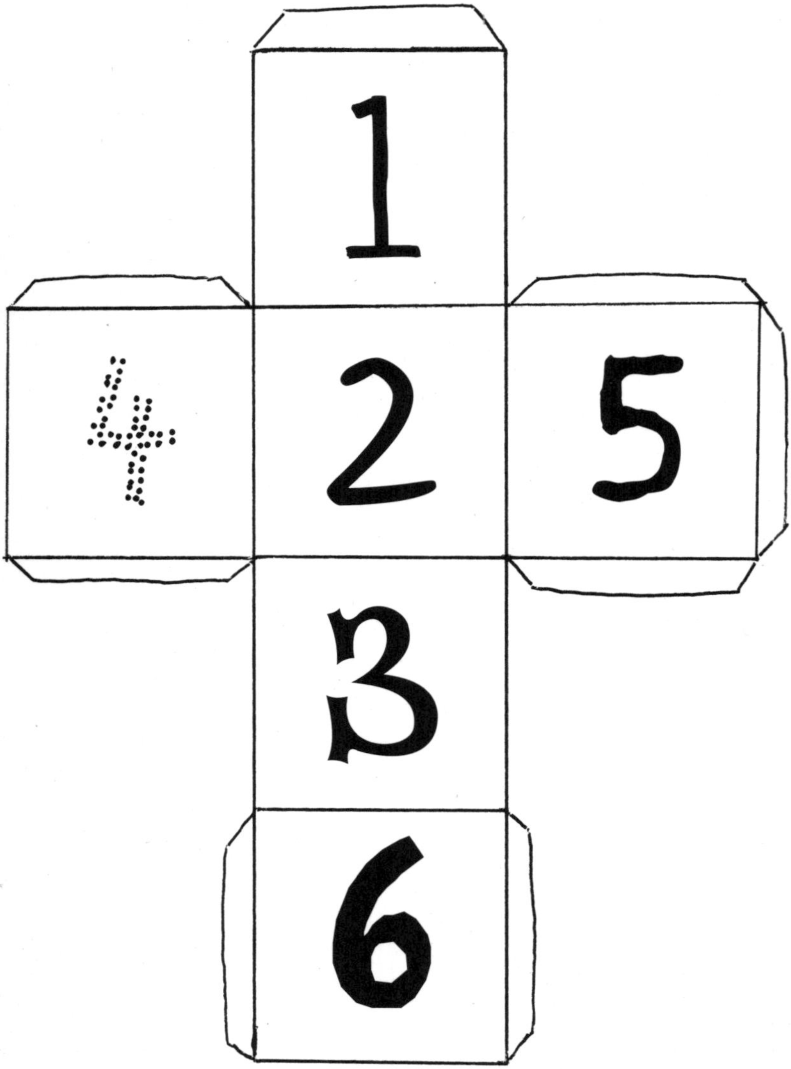
1
4
2
5
3
6

1

1.) Du gründest eine Firma in der Garage deiner Eltern und wirst reich!
2.) Hör auf zu rauchen, sonst stirbst du mit 50 an Krebs!
3.) Denk ans Verhüten, sonst wirst du's vergüten!

2

4.) Heute Abend tust du es! Küss endlich!
5.) Nach dem vierten Bier ist heute Schluss, sonst endet's in 'ner Katastrophe!
6.) Deine Zukunft steht hier: Seite: Buchstabenanzahl deines Nachnamens mal 2 plus dein Alter, 3. Zeile, 2. Wort von links.

3

7.) Geduld ist etwas für alte Menschen!
8.) Zieh lieber eine andere Unterhose an!
9.) Diese Nacht ist deine Nacht!

4

10. FALLS DU DICH FRAGEN SOLLTEST: DIE ANTWORT IST IMMER LINKS!
11. ES WIRD MORGEN BLAUE SCHWÄNE FÜR DICH REGNEN!
12. WENN DIE SONNE MORGEN AUFGEHT, ERSCHEINT ALLES IN EINEM ANDEREN LICHT!

5

13.) Der Schaum auf deinem Bier ist wie dein Leben!
14.) In jeder dunklen Ecke wartet ein böses Monster, das geliebt werden möchte.
15.) Es wird fließen ...

6

16.) Die grünen Blätter sind unbeschrieben.
17.) Sahne macht nur dick! Und Döner nicht schöner!
18.) Drück nochmal den Fastforward-Knopf!

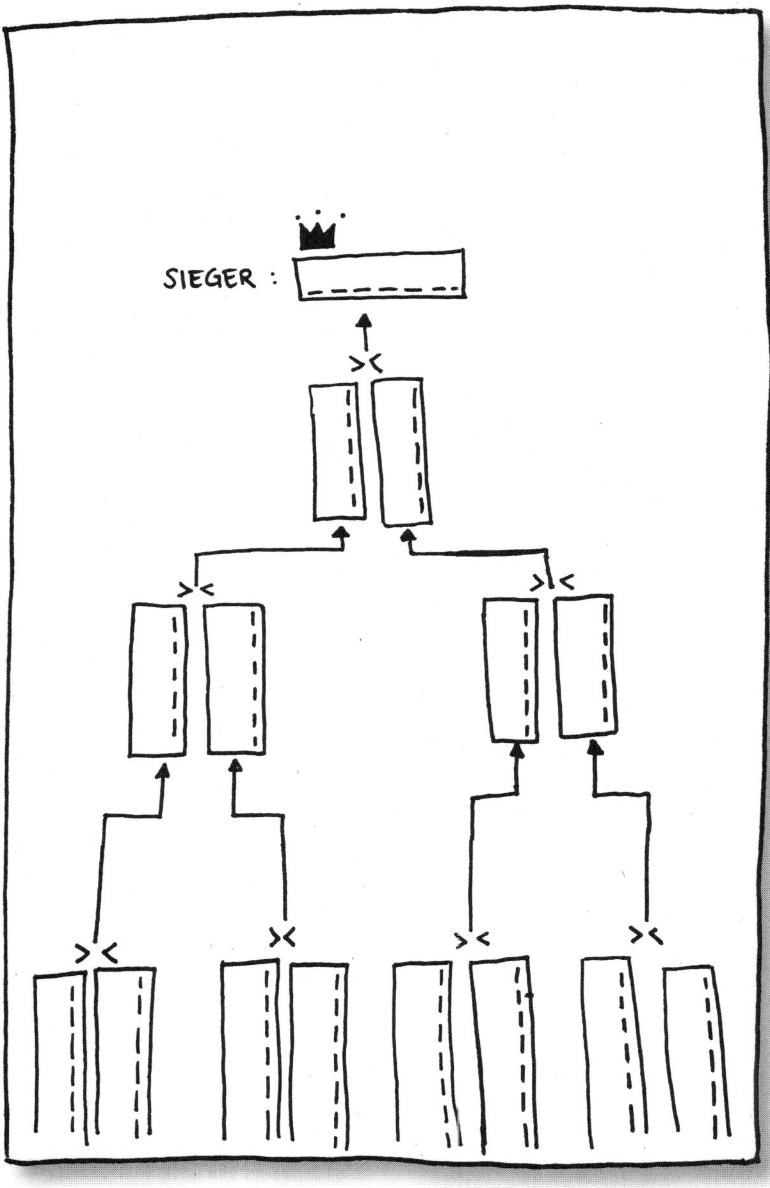
SIEGER :

Beindrücken

Armdrücken, die allseits beliebte Freizeitgestaltung und Konfliktlösungsstrategie unter Seeleuten und Russen, kennt ja jeder. Wie wäre es heute mal mit Beindrücken, um zu testen, ob Yoga, Fußball oder der Crosstrainer mehr für den zielgerichteten Einsatz der Oberschenkelmuskulatur bringt?

Zwei Kontrahenten legen sich einander gegenüber auf den Rücken, wobei jeweils ein Bein ausgestreckt und die beiden anderen einander angewinkelt verschränkt zueinander stehen. Ziel ist es nun, wie beim Armdrücken, das Bein des Gegners auf den Boden (bzw. auf das andere Bein) zu drücken. Wer mit seinem Bein zuerst den Boden (oder das andere Bein) berührt, hat verloren.

Tanz-Scharade

Manchmal, wenn man gerade voll dabei ist, sich auf der Tanzfläche richtig auszutoben, bemerkt man plötzlich, wie einen Umstehende mit seltsamen, irgendwie peinlich berührten Blicken anschauen. Hat man es etwa doch übertrieben, als man mit flugzeugkreisenden Armen zu Major Tom übers Parkett geschwirrt ist? Und war die Luftgitarre eventuell weniger Santana und mehr rhythmische Sportgymnastik? Ach was, ihr braucht nur ein Publikum, das eure Ausdruckskraft zu schätzen weiß: Hier kommt das Spiel, bei dem ihr euch richtig austoben könnt!

Dazu braucht ihr ein transportables Musikabspielgerät samt Kopfhörer, die sich der erste Kandidat gleich aufsetzt. Nun tanzt er zu einem Lied seiner Wahl, und zwar so, dass die anderen anhand von Rhythmus, Gesichtsausdruck und natürlich der dargestellten Handlung erraten, um welches Lied es sich handelt. Schaut er in zu ratlose Gesichter, darf er auch einen Tipp geben und zum Beispiel die Musikrichtung, die Textsprache oder einen Fan der Liedes verraten. Wer die Nummer zuerst herausbekommt, darf als Nächstes.

Stimmen für Stimmung

Singen ist gut für die Sprachentwicklung und die Sozialkompetenz, hat kürzlich eine Studie ergeben. Okay, die wurde unter Kindergartenkindern durchgeführt, aber in uns allen steckt schließlich noch das innere Kind, das wir ab und zu beschäftigen sollten. Also holt euch eine Dosis dieser positiven Effekte ab, und gründet drei Gruppen, mit denen ihr einen Kanon anstimmt. Einen kennen wir alle, da gibt es keine Ausreden! Falls jemand nicht textsicher ist, findet ihr hier zwei zur Auswahl:

Hejo, spann den Wagen an,
denn der Wind treibt Regen übers Land.
Holt die goldnen Gaben, holt die goldnen Gaben
Hejo, spann den Wagen an.

Bruder Jakob, Bruder Jakob
Schläfst du noch? Schläfst du noch?
Hörst du nicht die Glocken? Hörst du nicht die Glocken?
Ding dang dong, ding dang dong.

Die nächste Gruppe setzt immer ein, sobald die vorangegangene mit der ersten Zeile fertig ist. Wenn der Kanon sitzt, macht ihr der Nachbarschaft bestimmt eine Freude, wenn ihr ihn am offenen Fenster singt!

Kylie Minogue: Can't Get You Out Of My Head

ICH MAG DEIN DEO
NICHT!

Leiche im Keller

Es gibt so viel Unausgesprochenes zwischen Freunden wie Leichen auf dem Friedhof. Diese Untoten lauern als sabbernde Zombies hinter jeder Ecke und wollen eurer Freundschaft das Blut und Leben aussaugen. Oder waren das Vampire? Egal! **Zeit, auf die Jagd zu gehen und alles zu killen, was untot unter euch weilt!**

Jeder schreibt auf einen Zettel ein kleines oder großes Geständnis auf einer Skala von „Ich habe dein Bier getrunken“ über „Ich mochte dich nicht, als ich dich das erste Mal sah“ bis „Ich habe deinen Exfreund geküsst“. Die „Leichen“ werden mit Absender (Geständiger) und Empfänger (Zombiejäger) in den Keller, in einen Abstellraum oder einfach unter den Tisch gelegt. Der Untotenjäger liest das Geständnis und killt den Zombie, indem er den Zettel zerreißt, anzündet, einen Pflock hindurchrammt und nie ein Wort darüber verliert – und vergibt (damit die Toten ruhen können).

The White Stripes: Seven Nation Army

Eure Fäuste für ein Halleluja

So wenig man in eine echte Barschlägerei geraten will, umso mehr bewundert man die Lässigkeit, mit der Bud Spencer dem armen Schlucker einen Haken verpasst, und die Unerschrockenheit des Karate-Kid, der mit zwei Kampfschreien seine Mathelehrerin in die Flucht schlägt. **Also auf geht's selbst in den Kampf!**

Probt zu Hause die genaue Choreografie eines Kampfes in Slow Motion ein, inklusive Geräuschen und Accessoires (Stühle, Flaschen etc.) – natürlich ohne den Gegner zu verletzen. It's all about the show! Zur Krönung führt eure Choreo am Kampfplatz eurer Wahl (Bar, U-Bahn etc.) auf.

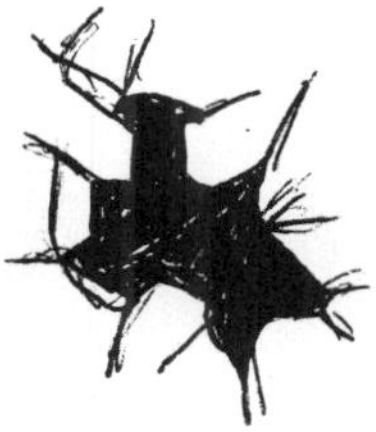

Cro: Einmal um die Welt

Ich wurde geöffnet von
mit
Ich wurde geöffnet
Von
mit
Ich wurde geöffnet
von
mit
Ich wurde geöffnet von
mit
Ich wurde geöffnet von
mit

Auf gehen sie immer

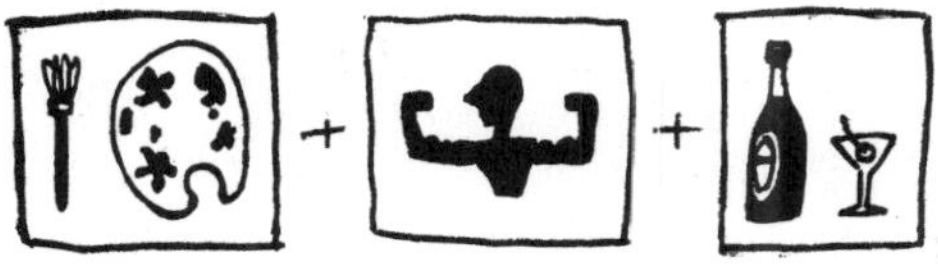

Es ist eine Standardsituation: Man hält eine Flasche Bier in der Hand, aber weit und breit ist kein Flaschenöffner zu sehen. Logisch, ein Feuerzeug hilft auch, aber in Zeiten zunehmenden Rauchverbots solltet ihr euch lieber schon mal wappnen und lernen, ohne klarzukommen.

Zwei Flaschenöffner-Experten treten gegeneinander an: Wer kann schneller fünf Flaschen Bier mit fünf verschiedenen Hilfsmitteln öffnen? Flaschenöffner und Feuerzeuge sind natürlich ausgeschlossen.

Wenn die anderen sich bei diesem Spiel beteiligen möchten, können sie sich in zwei Gruppen aufteilen und müssen möglichst schnell die von ihrem Öffner geöffneten Flaschen leer trinken. Gewonnen hat dann die Gruppe, die als erste alle Flaschen ausgetrunken hat.

Der schnellere Flaschenöffner bekommt den Rest des Abends seine Flaschen vom Verlierer geöffnet – der muss schließlich noch üben.

Boomtown Rats: I Don't Like Mondays

_______________ mit Peacocking-Element _______________

wurde so angesprochen:

_______________ mit Peacocking-Element _______________

wurde so angesprochen:

_______________ mit Peacocking-Element _______________

wurde so angesprochen:

Peacocking-Element

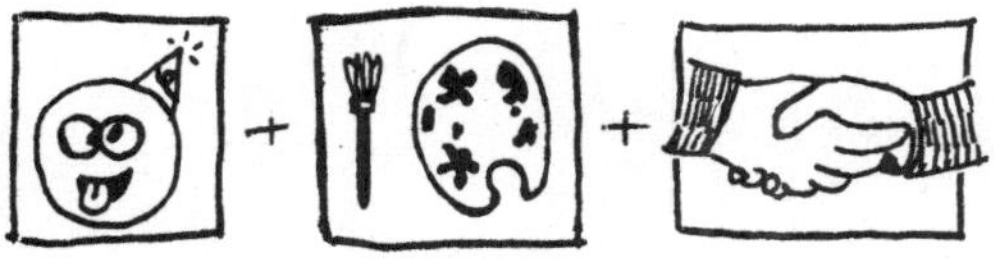

„Was? Ein Pea... wie?“, denkt ihr jetzt sicher. Es sei denn natürlich, ihr Profis wisst bereits, dass es sich bei einem Pick-up nicht nur um ein Auto, sondern auch um die hohe Kunst des richtigen Aufreißens handeln kann. Und das Peacocking-Element ist für jeden Pick-up-Artist der Schlüssel: Dieser sehr spezielle Teil deines Outfits fällt jedem sofort ins Auge, so wie zum Beispiel auch ein wunderschönes Pfauenrad (B-i-l-d-u-n-g-s-t-i-c-k-e-r-: peacock [engl.]: der Pfau). Derart ausgestattet trägt man immer gleich einen passenden Gesprächsaufhänger mit sich herum, was die Kontaktaufnahme enorm erleichtert. Funktioniert das auch wirklich? Keine Ahnung, aber ausprobieren lohnt sich!

Jeder bastelt für den Mitspieler, dessen Vorname im Alphabet nach ihm folgt, ein Peacocking-Element! Das können zum Beispiel ungewöhnliche Accessoires, abgedrehte Frisuren, besondere Kriegsbemalungen oder Kopfbedeckungen sein, Hauptsache selbstgemacht, selbstgefunden und originell. Und denkt dran: Ihr wollt euren Mitspieler nicht unbedingt schöner, aber außergewöhnlicher machen.
Ihr werdet sehen, wie oft man auf einen Bauarbeiterhelm angesprochen wird („Hagelt's?“). Oder habt ihr es schon mal mit einer Brosche aus zerknülltem Zeitungspapier versucht („Solltest du die nicht lieber lesen?“)? Auch Tiere eignen sich gut für einen Gesprächsbeginn, zum Beispiel ein Biber im Arm (**„Oh, wie süß!“ – „Wer jetzt?“**).

Lana del Rey: Video Games

Eigener Name	Name deines Alter Egos	Herkunft	Hobbys	Beruf	Haustiere/Kinder/Eltern	Berühmte Freunde	Besondere Fähigkeiten	

Such dir dein Alias

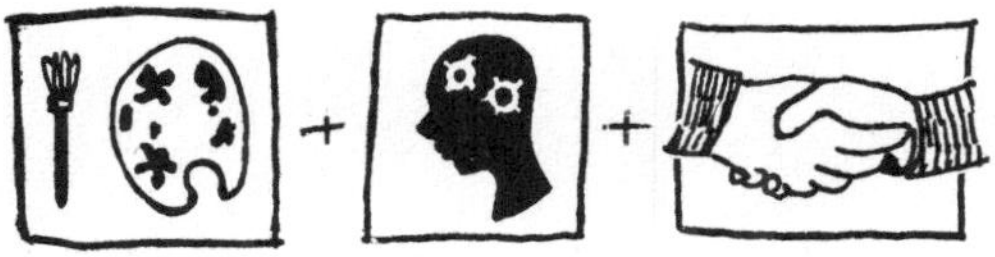

„Bleib so, wie du bist!“ – der Satz ist als Kompliment gemeint, und doch wünscht man sich manchmal ein komplett anderes Leben. Wäre es nicht auch jetzt verlockend, für einen Abend jemand anderes zu sein? Sich inklusive Herkunft, Familie und Freunden neu zu erfinden? Sich ein anderes Leben zuzulegen wie eine neue Haarfarbe?

Dann macht euch heute Abend daran, ein Alter Ego mit völlig neuen Rahmenbedingungen zu basteln. Unten stehende Vorschläge sollen euch zur Anregung dienen, Ergänzungen, Erweiterungen und eigene Überinterpretationen sind ausdrücklich erwünscht.
Stellt euch nun im Laufe des Abends mindestens zwei Fremden mit eurem neuen Leben vor!

Mal schauen, ob man als Austauschstudent aus Südafrika nicht ganz anders auf Fremde zugeht oder wie viel Spaß es wohl macht, als Prominenten-Zahnarzt Tipps für die Mundhygiene zu verbreiten … Und wer weiß, vielleicht genießt ihr es morgen wieder, euch mit eurer eigenen Vita vorzustellen, wenn ihr als Atom-Lobbyist Bier ins Gesicht bekommen habt.

Lena: Satellite

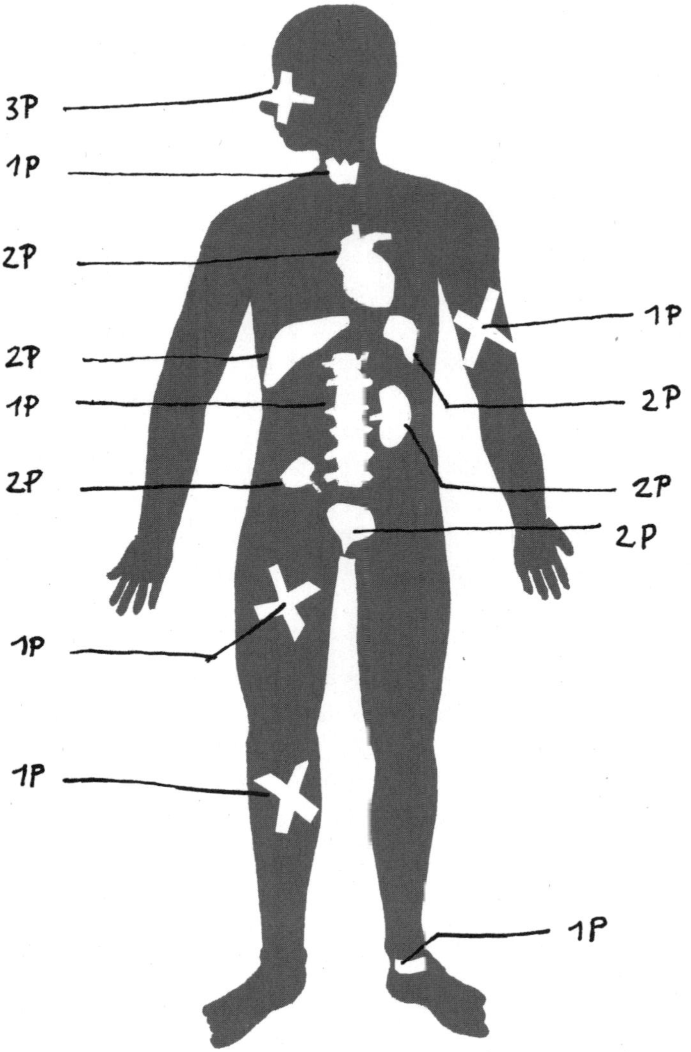
3P
1P
2P
1P
2P
2P
1P
2P
2P
2P
1P
1P
1P

Anatomie für Einsteiger

Dass unser Kopf unserem edlen Hirn Obdach bietet, wissen wir natürlich. Aber wo war denn bloß noch mal die Leber, die wir gerade so schön vergiften? Und die Milz? War die nicht das Organ, das man doppelt hat? Alle Chirurgen, Metzger, Hobby-Mörder und solche, die es werden wollen, aufgepasst! Hier könnt ihr mit eurem Wissen punkten. Und alle anderen können jetzt ohne Blutvergießen üben.

Dieses Spiel erfordert allerdings ein wenig Vorbereitungszeit zu Hause und besonderes Equipment, nämlich 20 Post-its. Gespielt wird dann später, wenn ihr unterwegs seid.
Zunächst müsst ihr zwei Gruppen bilden und in Gemeinschaftsarbeit für die gegnerische Gruppe zehn Post-its vorbereiten. Schreibt auf jeden Zettel ein Organ oder Körperteil, wobei sich der Schwierigkeitsgrad und die Punktezahl erhöht, je konkreter die Stelle ist. Ziel des Spiels ist es nämlich, später, wenn ihr unterwegs seid, die Zettel an den Mann zu bringen, und zwar wortwörtlich. Klebt die Zettel bei der anderen Gruppe, Passanten oder Gästen der Bar auf die Körperstelle, die draufsteht. Die Gruppe, die als erste alle Zettel korrekt verklebt hat, hat gewonnen.

Unnötig zu sagen, dass es hier nicht zu sexueller Belästigung kommen soll, klar!?

Psy: Gangnam Style

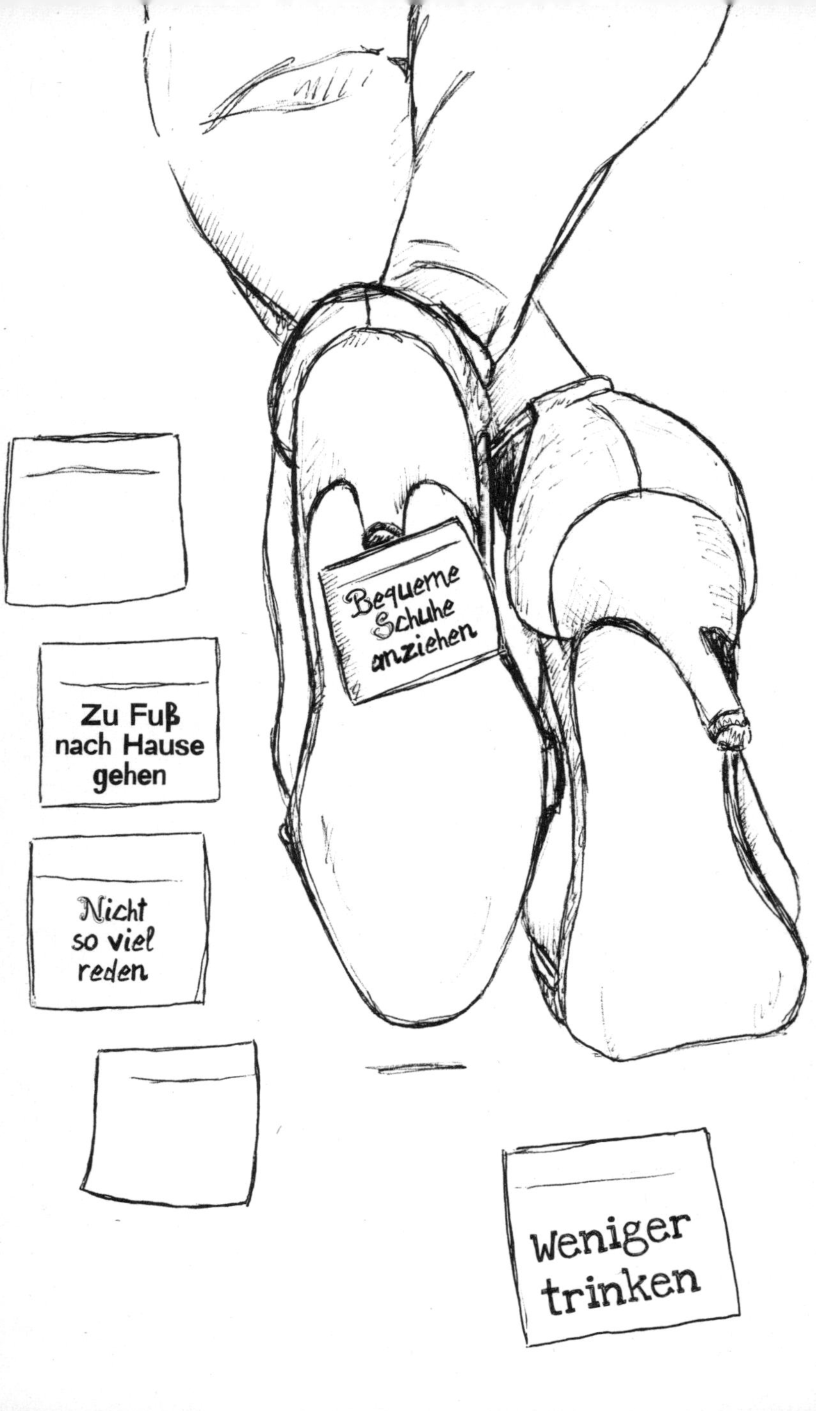
Bequeme Schuhe anziehen
Zu Fuß nach Hause gehen
Nicht so viel reden
Weniger trinken

Die guten Vorsätze auf den Absätzen

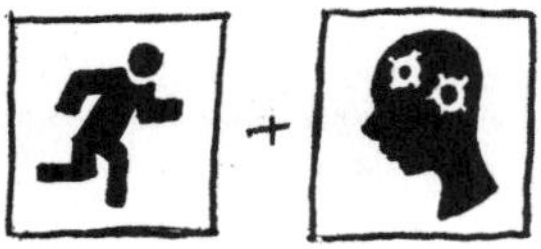

Nicht nur an Silvester gibt es diese komische Sitte – auch an jedem anderen „Morgen danach“, wenn man die Äuglein nach einer durchzechten Nacht wieder öffnet, ist es mal wieder Zeit für … einen guten Vorsatz! Damit man ihn nicht sofort vergisst, sollte man ihn sich nicht nur hinter die Ohren schreiben, sondern auch auf die Absätze kleben.

Jeder schreibt auf einen passenden Zettel seinen Vorsatz, klebt ihn sich unter den Absatz seines Schuhs und geht mal durch, wie er diesen Vorsatz zu verwirklichen gedenkt – oder ob dieser Vorsatz nicht lieber mit den Füßen getreten werden sollte.

ABBA: Dancing Queen

DAS
letzte
Bier
geht an
weil

Armer schwarzer Kater, oder wer kriegt das letzte Bier?

Ja, das Leben ist hart, und was uns so Tag für Tag, oder eben auch in der Nacht, zustößt, ist kaum auszuhalten. Ein Wunder eigentlich, dass wir uns alle noch nicht umgebracht haben und stattdessen lachend beisammensitzen. Die Idylle wird nur dadurch getrübt, dass auch der größte Biervorrat irgendwann zur Neige geht. Und schon schlägt der Ernst des Lebens wieder zu: Wer kriegt das letzte Bier? Und da wir das archaische Zeitalter nun hinter uns gelassen haben, kämpfen wir nicht mit den Fäusten, sondern mit dem Herzen um das letzte Bier. Das allerdings erbittert, bis auf das letzte Tränchen und das letzte Quantum Trost!

Die letzte Bierflasche (Weinglas/Schnäpse/Aspirin etc.) wird in die Mitte gestellt. Jeder Anwärter erzählt reihum seine Leidensgeschichte des Lebens und begründet damit, warum er unbedingt derjenige ist, der diesen letzten Schluck Hoffnung verdient hat. Die ergreifendste Geschichte wird durch maximal lautstarke Mitleidsbekundungen gekürt.

Der Kampf der verlorenen Seelen reicht von verstorbenen Haustieren, vermissten Führerscheinen und Ehepartnern über eingelaufene Lieblingspullis – und auf dem Big Mac fehlte dann auch noch die Gurke.

Oasis: Wonderwall

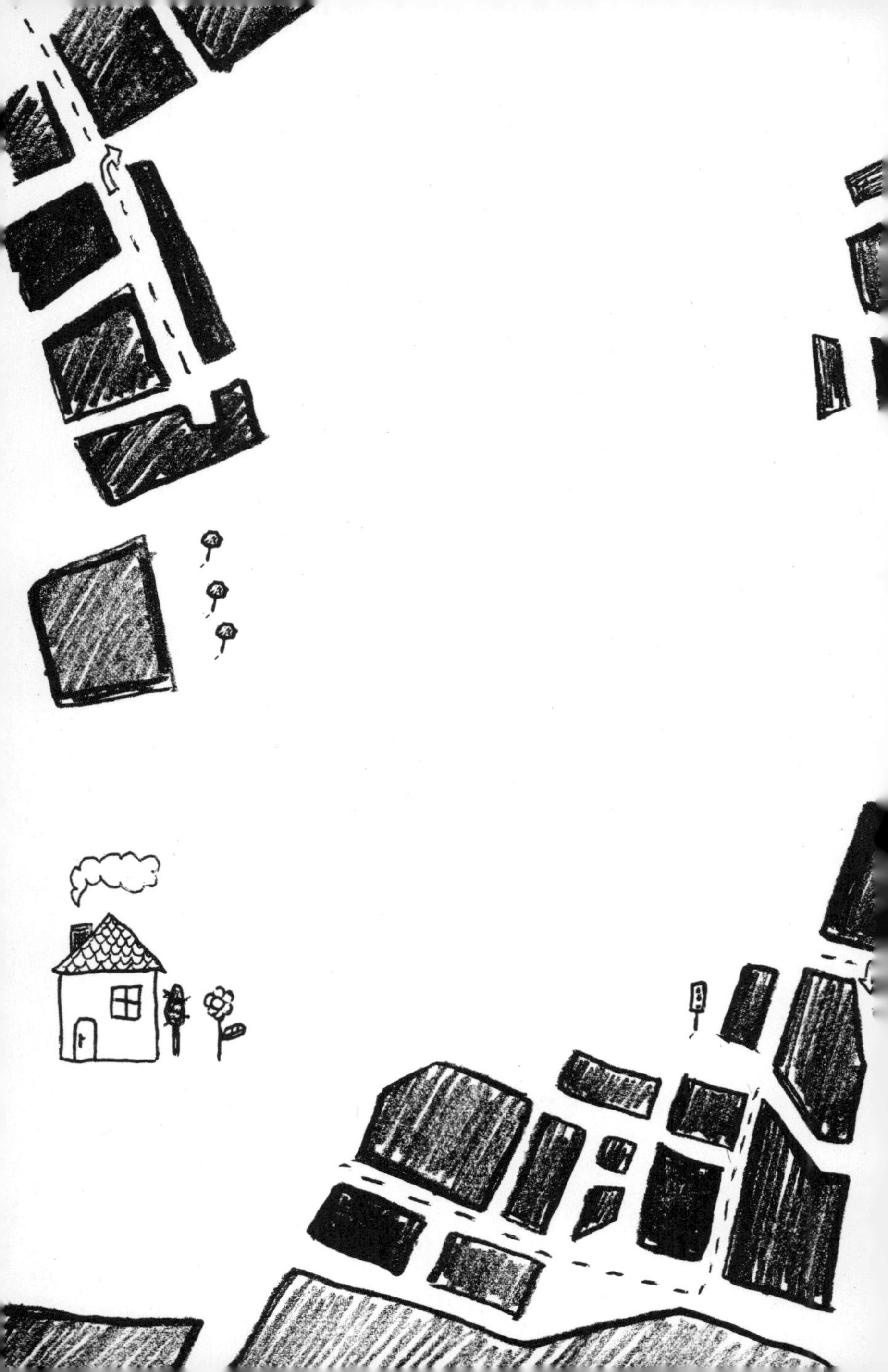

Durch die Gegend kreiseln

Wenn ihr der Meinung seid, es wird langsam Zeit, aufzubrechen, ist das hier die richtige Seite. Denn das „Los!“ gibt es nie ohne das „Wohin?“ - und da haben wir einen Vorschlag, falls ihr mal etwas Neues kennenlernen wollt.

Auf der nächsten Seite findet ihr die Bastelanleitung für einen Kreisel. Habt ihr den fachkundig nachgebaut, nehmt euch einen Stadtplan. Falls ihr keinen zur Hand habt, könnte ihr euch noch schnell bei Google Maps einen ausdrucken, oder künstlerisch und geografisch versierte Geister zeichnen ihn selbst, was bei eventuellen Fehlern einen besonderen Reiz haben dürfte.

Haltet nun den Kreisel über euren Standort, lasst ihn dann mit einer geschmeidigen Drehbewegung auf die Karte fallen und zieht an den Ort weiter, auf den die Spitze zeigt. Sucht euch dort die nächste Kneipe, Tankstelle oder einen Kiosk für euren ersten Drink in nicht heimischen Gefilden.

Nena: 99 Luftballons

1. Schneidet den äußeren Kreis aus.

2. Schneidet aus dem Kreis den schraffierten Bereich aus

3. Dreht das übrige Papier zu einem Kegel und klebt es zusammen

4. Schneidet nun an den Linien bis zum inneren Kreis ein, und knickt die Papierflügel nach außen

5. Schneidet den Papierbalken aus, und klebt ihn wie einen Henkel ins Innere des Kegels

6. Voilà - lasst den Kreisel kreiseln

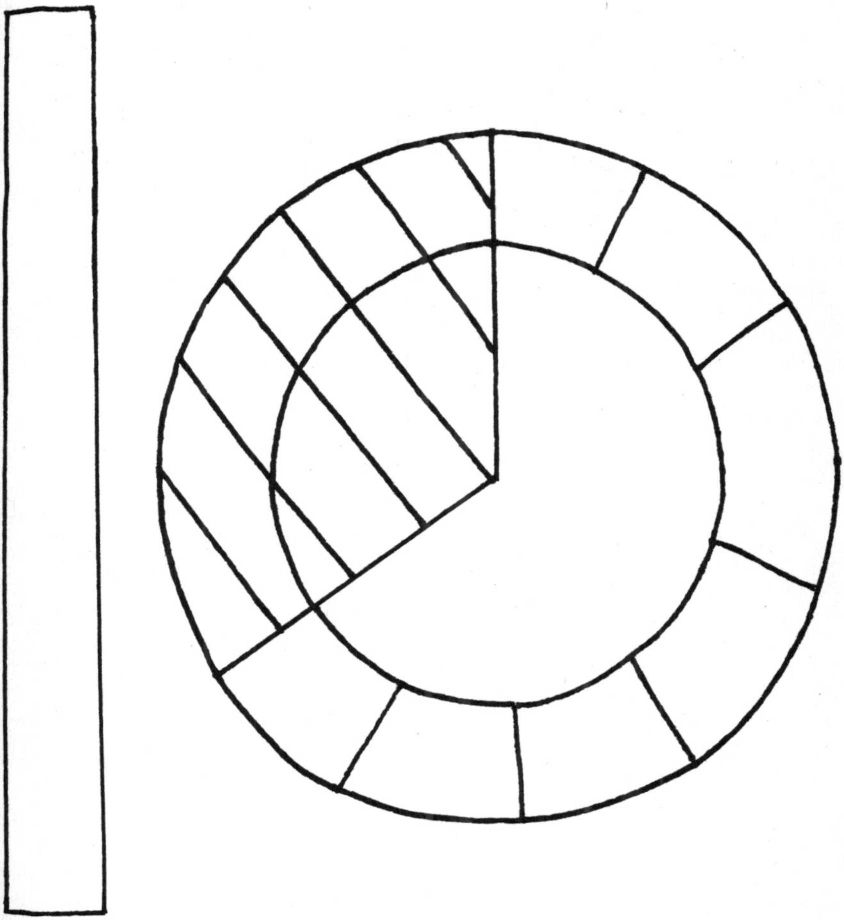

Aretha Franklin: I Say A Little Prayer

Unterwegs

→ → → → → → → → → →

Der Flashmob

Individualität ist wichtig - schließlich will man einzigartig sein, gegen den Strom schwimmen und nicht als Lemming von der Klippe hüpfen, weil's alle anderen auch machen. Aber in der Masse kann auch Klasse liegen, zum Beispiel wenn kollektiv irgendwo auf der Straße, dem Bahnhof oder anderen öffentlichen Orten ein paar Leute plötzlich anfangen zu singen oder zu tanzen und, ehe man sich's versieht, hundert Menschen mitmachen. So was nennt man dann einen Flashmob, einen verabredeten Ausbruch an Massenaktivität, meistens organisiert im Internet, wo es dann später wieder als Filmchen landet. Was die Online-Community kann, das könnt ihr befreundeten Offliner auch!

Vereinbart einen Ort, einen Zeitpunkt und eine Aktion. Könnt ihr den Kanon noch? Überquert Rad schlagend die Straße, sobald die Fußgängerampel auf Grün schaltet. Oder verabredet ein Codewort, bei dem ihr in der Bar „einfriert". Dann aber das Zeichen zum Auftauen nicht vergessen, denn irgendwann wird es auch langweilig.

Name	Wie weit kannst du gehen?

Fingerspitzengefühl

Oft kommt es im Leben auf die Balance und das richtige Fingerspitzengefühl an, damit die Dinge nicht zu Boden fallen und in tausend kleine Stückchen zerspringen. Doch wie lernt man das? Natürlich nur durch üben, üben, üben!

Hier erhaltet ihr die einzigartige Gelegenheit, mit einem bruchsicheren und Kummer gewöhnten Gegenstand für den Ernstfall zu üben. Verliert ihr das Feingefühl und lasst das Buch fallen, nimmt es euch das nicht weiter übel – ganz im Gegensatz zu Freundinnen, Chefs und chinesischen Vasen. Balanciert das Buch zum sicheren Üben darum auf eurem Zeigefinger, und zählt die Schritte, die ihr damit laufen könnt, bevor es runterfällt. Dann wisst ihr im Ernstfall, wie weit ihr gehen könnt.

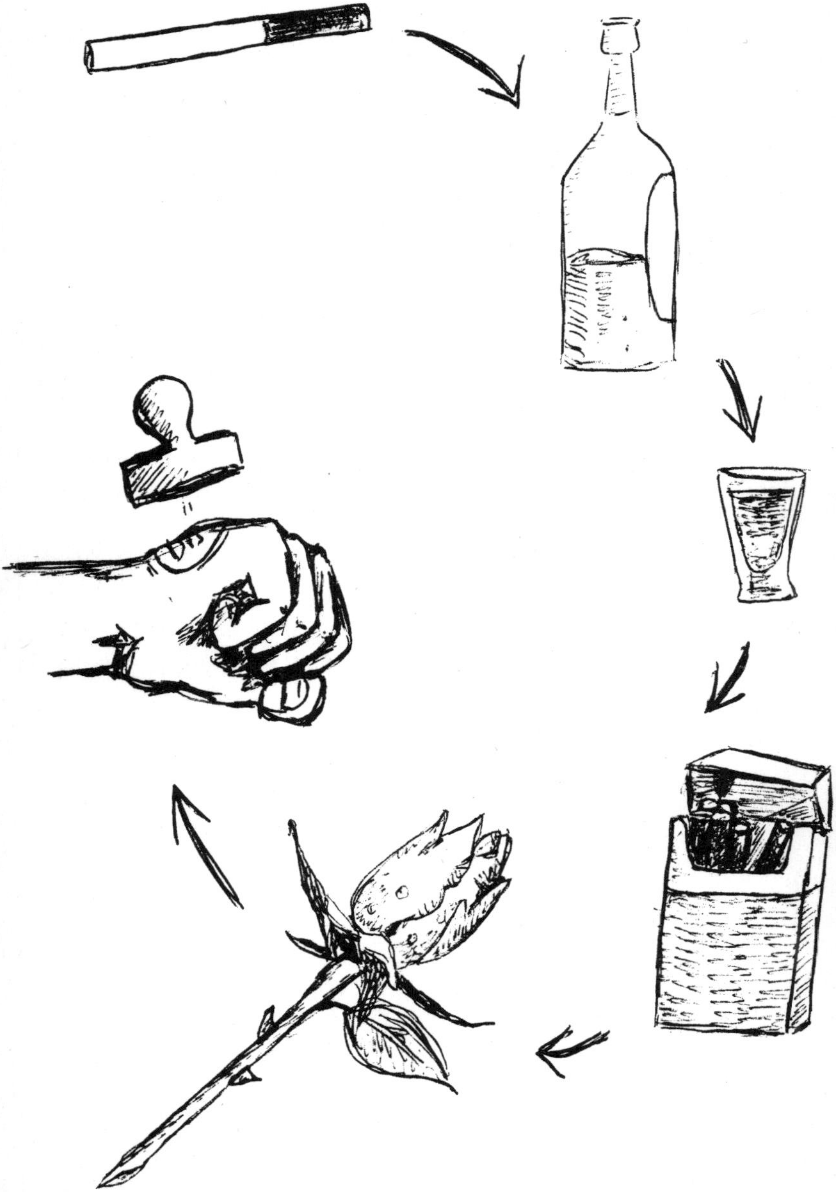

Tausch dich glücklich

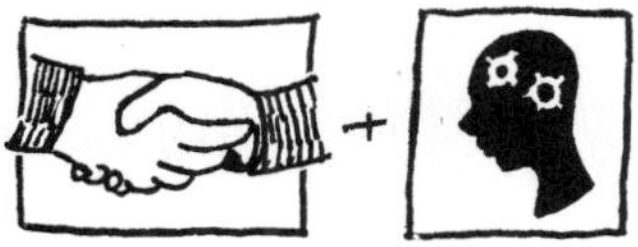

Wir wollen ja hier nicht mit Allgemeinplätzen kommen - aber ist Nachbars Garten nicht tatsächlich immer ein wenig grüner? Finden wir das Getränk unseres Sitznachbarn viel verlockender als unser eigenes; das Gespräch gegenüber interessanter und den Typen mit der blöden Tussi an der Bar heißer? Das, was wir haben, ist oft nicht das, was wir wollen. Das haben meist andere. Aber vielleicht ist das, was die haben, auch nicht wirklich das, was sie wollen. Stattdessen wollen sie das, was du hast! Oder das, was die wollen, gehört dem, der das will, was du hast. Der Weg aus diesem ewigen Dilemma ist zukunftsweisend für das Lebensglück: tauschen! Zeit also, sich hochzutauschen!

Überlegt, was ihr entbehren könnt und was ihr euch ertauschen wollt. Ein selbstgezeichnetes Bild gegen eine Zigarette, eine Zigarette gegen ein Feuerzeug, ein Feuerzeug gegen einen Schnaps ... Wer weiß, vielleicht könnt ihr im eigenen Auto nach Hause fahren - oder zumindest mit einer eingetauschten Taxifahrt ...

Das Penis-Spiel

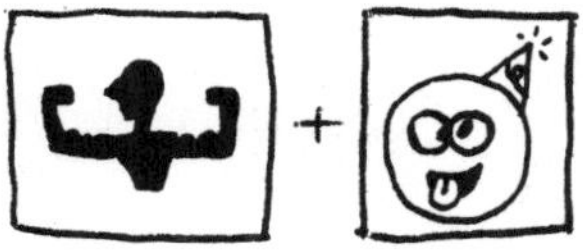

Klar gibt es die bekennenden Ghettobewohner, die jeden ihrer Sätze mit „Hey, du F..." beginnen müssen. Aber Begriffe wie „sein Zauberstab" und „ihre Muschel" aus der romantischen Literatur zeigen, wie schwer es manchen noch fällt, die Dinge beim Namen zu nennen. Doch auch unter Normalos ist es nicht jedermanns Sache, in der Öffentlichkeit laut über Geschlechtsorgane zu sprechen. Darum fangen wir bei dem Spiel auch leise an.

Reihum sagt jeder Mitspieler „Penis" (es kann natürlich auch jedes andere Wort sein, dessen laute Äußerung persönliche Überwindung erfordert), und jeder muss ein bisschen lauter werden als sein Vorsprecher. Wer sich nicht traut, blättere bitte auf S. 216.

Für den Anfang:

Mit mehr Schwung:

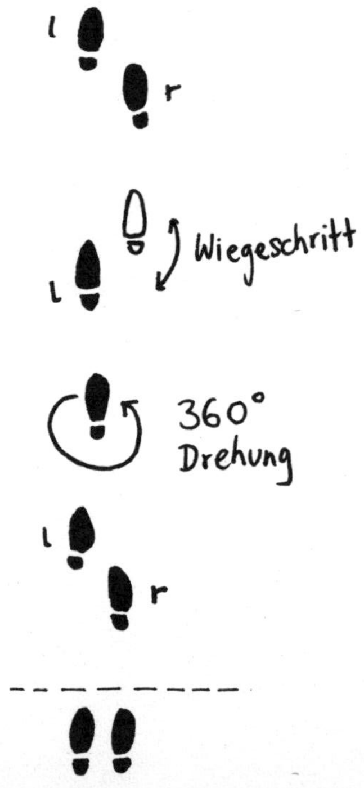

Mit Sidekick:

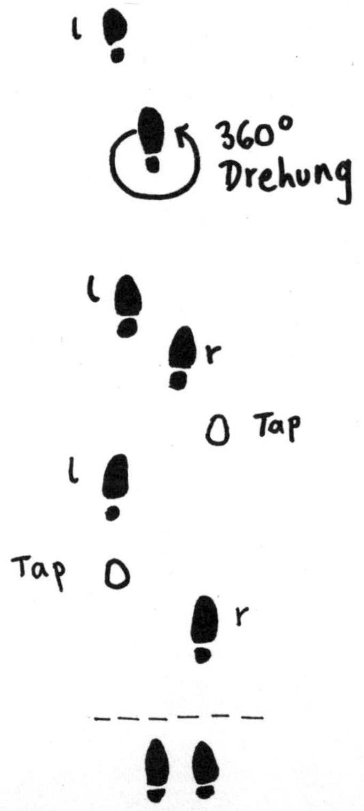

Wer schwankt, hat mehr vom Weg

Manche Aufgaben wirken so unmöglich zu bewältigen, dass man es lieber gleich bleiben lässt: den Kilimandscharo besteigen, den Nobelpreis gewinnen, die Steuererklärung machen ... Dass das die falsche Einstellung ist, muss einem ja nicht gesagt werden, denn unzählige Songs, Bücher und kitschige Grußkarten verbreiten klugscheißerische Botschaften wie: „Der Weg ist das Ziel!" und „Jeder Weg beginnt mit einem ersten Schritt!".

Ach nee, aber wie sehr kann euch das trösten, wenn ihr noch einen weiten Weg vor euch habt, nämlich den nach Hause oder zur nächsten Bar? Gar nicht! Deshalb bieten wir euch eine weitaus lebensnahere Lösung: den Schrittmacher! Also, wie gehabt, ein Schritt nach dem anderen, und in Nullkommanix seid ihr da - aber damit es nicht langweilig wird, könnt ihr ein bisschen Abwechslung in eure Schritte bringen und unseren Spuren folgen. Denn einfaches Geradeausgehen ist was für Polizeikontrollen und andere Tageszeiten.

Zombieapokalypse Now

Wie wir alle wissen, knabbern Zombies nur lebende Menschen an, lassen ihresgleichen aber in Ruhe. Der beste Schutz vor der nächsten Zombieapokalypse besteht also darin, sich schon mal in der passenden Tarnung zu üben und deswegen die nächste Straße als Zombieherde zu durchqueren – aber bitte ohne Fremde zu beißen!

Zombies zeichnen sich im Allgemeinen durch ihren nicht gerade zügigen Gang, teilweise merkwürdig abgewinkelte Gliedmaßen (sie bleiben schon mal an Dingen hängen, ohne es zu merken, und brechen sich dabei etwas) und den leeren Blick aus, den laufende Tote nun einmal haben. Außerdem machen sie natürlich gruselige Geräusche. Wer zufällig noch etwas Kunstblut, Ketchup oder roten Lippenstift dabeihat, kann natürlich auch beim Kostüm nachhelfen.

Buchnachsprung

Bildung ist ein mühsames Geschäft! Und oft bleibt das unschöne Gefühl, dass man ewig klügeren und geistreicheren Menschen hinterherhinkt, die die Weisheit scheinbar mit Löffeln gefressen haben. So ist die Verfolgung der Bildung - repräsentiert durch dieses schöne Bildungsmedium Buch - auch heute nicht ohne Anstrengung. Aber endlich gibt es eine Chance, den Besserwissern des Abends eine Wurfweite voraus zu sein.

Der klügste Mitspieler wirft für den ersten Spieler das Buch in sichere, doch nicht unerreichbare Entfernung auf den Boden - natürlich in Richtung eures nächsten Ziels. Der muss auf einem Bein zum Buch hüpfen und es wieder aufheben. Hat er das geschafft, darf er es für den nächsten Mitspieler werfen. Die Ehrgeizigen unter euch können die Aufgabe noch erschweren, indem sie beim Hüpfen Extraaufgaben erledigen, zum Beispiel ein Gedicht aufsagen oder Rechenaufgaben lösen.

In der Bar

PLAGIATSJÄGER

PLAGIATOR

URHEBER

URHEBER

URHEBER

URHEBER

URHEBER

URHEBER

URHEBER

Zeugnis:

Herr/Frau ____________________ hat uns heute am ______________

in ____________________ von ihren/seinen überdurchschnittlichen

Leistungen als Plagiator/Plagiatsjäger überzeugt.

Plagiatsjagd

Plagiatsjagd ist ja inzwischen zu einem beliebten Zeitvertreib geworden, dem auch wir heute Abend nachgehen wollen. Wem das ganze Spiel irgendwie bekannt vorkommt, der muss sich übrigens täuschen – wir weisen jedenfalls alle Abkupferungsvorwürfe weit von uns!

Zunächst werden die Rollen verlost: Es gibt einen Plagiator (der natürlich inkognito bleibt) und einen Plagiatsjäger, der Rest der Spieler sind die Urheber. Der Plagiatsjäger stellt nun in drei Runden allen anderen Fragen zum Opus Magnus der Spieler: ihrem Leben natürlich. Z.B: was ihr Berufswunsch als 6-Jährige war, wo die erste eigene Wohnung lag oder worin der bisher größte Triumph besteht. Alle Spieler antworten darauf wahrheitsgemäß - nur der Plagiator muss einmal die Antwort eines Mitspielers kopieren. Am Ende des Spiels muss ihn der Plagiatsjäger identifizieren. Wer erfolgreich ist, darf sich von den anderen ein gutes Zeugnis ausstellen lassen.

Kleiner Flirtkurs für zwischendurch

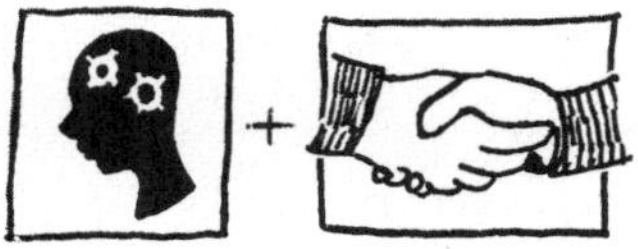

Natürlich besteht ein nicht ganz unwesentlicher Reiz beim Ausgehen darin, neue Leute kennenzulernen, vorzugsweise jene des präferierten Geschlechts. Das wiederum ist nicht ganz so einfach - allzu oft kommen einem da Schüchternheit, Unsicherheit oder der eigene Partner in die Quere. Wenn ihr aber jetzt sofort in Stimmung seid, sind hier ein paar Tipps, die das Flirten leichter machen.

Vorab:

Trink noch mal was, das entspannt.
Trink ein Glas Wasser; Torkeln und Lallen kommt nicht gut.

Schritt ①

Das Wichtigste beim Flirten ist die Ausstrahlung, und die kommt über ein positives Selbstbild. Also vergiss jetzt mal kurz alle Figur-, Haut-, Haar- und Stylingprobleme, das fällt sowieso niemandem außer dir auf. Erfreu dich einfach nur deines Lebens, und hab dich lieb! Denn wenn du dich selbst nicht gut findest, tut das auch niemand sonst.

Schritt ②

Schau dich um: Wen findest du sympathisch und attraktiv? Wenn du jemanden gefunden hast – nur eine Person bitte, mit mehreren gleichzeitig flirten ist schäbig – , behalt sie oder ihn im Blick. So ein Flirt kann sich schon über eine Weile hinziehen, denn zuerst muss sich ja rausstellen, ob die Blicke nicht zufällig ausgetauscht werden. Schließlich kann man auch ein leises Lächeln wagen oder sogar, wenn man sich sehr oft anschaut, ein freches Grinsen – damit kann man auch die versehentlichen Flirts ausschließen, bei denen man nur schauen wollte, ob der blöde Typ/die doofe Chica immer noch rüberstarrt. Klappt das, geh weiter zu Schritt 4; will sich der Kontakt nicht so recht aufbauen, zu Schritt 3.

Schritt ③

Flirten klappt nicht immer – manche wollen halt nicht. Das sollte man nicht persönlich nehmen – hey, die kennen dich ja gar nicht! Lass es gut sein und geh bzw. schau weiter. Wer nicht will, der hat schon. Wenn du sehr geknickt bis, fang wieder bei Schritt 1 an, ansonsten weiter bei Schritt 2.

Schritt ④

Nun ist der nächste Schritt zur Kontaktaufnahme gefragt, doch direkt das Ziel anzusteuern erfordert erstens besonders viel Mut, und zweitens kann man da auch einfach den falschen Zeitpunkt erwischen. Darum hilft es, goldene Brücken zu bauen: Verlass deinen Platz, und gibt dabei darauf Acht, dass deine Zielperson es mitkriegt. Wenn du zum Beispiel zum Tresen gehst, öffnest du die Möglichkeit, sich an einem „neutralen Ort“ zu treffen, von wo man sich ohne weiteres zurückziehen kann, wenn das Kennenlernen nicht so gut gelaufen ist. Nun muss der andere sich natürlich auch auf den Weg zu dir machen. Zwar kannst du der Person noch einen aufmunternden Blick zuwerfen, hilft das nicht, geht es zurück zu Schritt 2. Wenn du da schon oft genug warst und du genug Mut hast, kannst du auch weiter zu Schritt 5 gehen. Kommt die Zielperson tatsächlich zu dir, hoffen wir, dass du bereits Schritt 6 gelesen hast.

Schritt ⑤

Einfach so fremde Leute ansprechen ist nicht jedermanns Sache, vor allem wenn man dazu erst den langen Weg zu ihnen gehen muss, der einem wie in Zeitlupe vorkommt. Angekommen, brauchst du natürlich einen Spruch, der aber möglichst wenig als solcher zu erkennen sein sollte, sondern viel mehr total natürlich rüberkommt. Darum bieten sich hier ganz schlichte, ehrliche Sätze an wie: „Hey, stör ich? Ich dachte, ich komme mal rüber“, oder persönliche Aufhänger wie: „Lustig, das gleiche Feuerzeug/T-Shirt/Handy/Frisur/etc. hab ich auch“. Dann hat man auch gleich einen Gesprächsaufhänger (Siehe zu dem Thema auch das Peacocking-Element). Ansonsten muss man sich mit Fragen wie: „Bist du öfter hier?“ behelfen und kann höchstens versuchen, die Lage durch eine gehörige Portion Ironie zu retten.
Man merkt schnell, ob man willkommen ist oder nicht. Wenn ja, ist alles super, und weiter geht es zu Schritt 7, falls nicht, weiter bei Schritt 3.

Schritt ⑥

Das klappt ja wie am Schnürchen! Und das ist kein Zufall! Nun heißt es die Gelegenheit beim Schopfe packen. Stellt euch einfach nebeneinander, das Ansprechen geht nun wie von selbst. Ein schlichtes „Hallo“ reicht meist schon, um ins Gespräch zu kommen, sonst gehen auch unspektakuläre Fragen wie: „Brauchst du auch was Neues zu trinken?“, „Hey, kennen wir uns? Ach, du bist der/die aus der hinteren Ecke“. Der andere ist in der Regel so froh, wenn man die Initiative ergreift, dass auch dümmliche Gesprächsanfänge honoriert werden. Wer gleich nach vorn gehen will, kann auch zu einem Schnaps einladen: Der wirkt sofort, ist schnell getrunken, falls man sich doch nicht gut versteht, und ist auch nicht so teuer. Willst du dich weiter unterhalten, geht's zu Schritt 7. Ansonsten Rückzug, und schick den andern bei Schritt 3 vorbei.

Schritt 7

Ihr unterhaltet euch also, super! Nun ein paar Kleinigkeiten: Wichtig ist, dass du deinem Gegenüber in die Augen schaust, um Interesse zu signalisieren. Nähe erzeugst du außerdem, indem du immer wieder mal den Namen deines Gegenübers nennst, aber Vorsicht: nicht zu oft, das kommt sonst leicht schleimig rüber.

Wenn dir mal kein Gesprächsstoff mehr einfallen sollte, keine Panik: Wiederhol einfach etwas, das dein Gegenüber gerade gesagt hat, in fragendem Ton. Wurde dir zum Beispiel erzählt: „Sonntags brunche ich total gerne in meinem Lieblingscafé“, sagst du einfach: „Dein Lieblingscafé?“, und schon erzählt dein Gegenüber mehr. Mit den richtigen Fragen kannst du so natürlich auch das Gespräch auf Themen lenken, die dich besonders interessieren – und zu denen du selbst mehr zu sagen hast. Das mit der Wiederholung hört sich zwar komisch an, funktioniert aber fabelhaft.

Was außerdem noch Nähe erzeugt, ist, wenn man die Bewegungen seines Gegenübers spiegelt. Also trinken, wenn er/sie trinkt, sich auf den Tresen aufstützt, das Gewicht von einem Bein aufs andere verlagert. Das tut man in großem Maße ohnehin automatisch, wenn man es aber durch bewusste Nachahmung steigert, erhöht es noch die Wirkung, sodass der andere sich respektiert, sogar geschmeichelt fühlt.

So, nun aber flott zu Schritt 8!

Schritt 8

Ihr habt euch prächtig unterhalten? Schön. Dann sag nun mit einem herzlichen Lächeln, dass der heutige Abend deinen Freunden gehört, ihr aber gern Telefonnummern austauschen könnt. Und jetzt zurück zu den anderen!

Wer hat schon mal ...

... einen Fallschirmsprung gemacht?

... Dinge für Geld getan, für die man sich geschämt hat?

... in einem unpassenden Moment geweint?

... trotz Beziehung jemand anderen geküsst?

... bei einer Castingshow teilgenommen?

... einen Film mehr als zehn Mal gesehen?

... sich gesund krankschreiben lassen?

... Sex mit dem/der Ex gehabt?

... ein Tier gequält?

... einen Unschuldigen geohrfeigt?

... sich in den eigenen Chef verliebt?

... etwas geklaut?

Wer hat schon mal?

Beim Ausgehen schließt man nicht nur neue Bekanntschaften, nein, auch seine eigenen Gefährten lernt man dabei von einer ganz neuen Seite kennen. Im gemeinsamen Rausch wühlt man gern in der Vergangenheit und sucht nach geteilten Erfahrungen. Dabei kommen manchmal erstaunliche Dinge heraus, die der andere schon getrieben hat, oder man stellt erleichtert fest, dass man bestimmte Dummheiten nicht allein begangen hat.

Darum ist es nun an der Zeit, die Köpfe zusammenzustecken und über den reichhaltigen Erfahrungsschatz zu tuscheln! Der Reihe nach stellt jeder Spieler den anderen eine Frage, die mit „Wer hat schon mal" beginnt. Alle, die diese Fragen mit Ja beantworten, dürfen trinken.

... einen Schrank oder eine Tür aufgebrochen?

... ein Geschenk weiterverschenkt?

... einen Orgasmus vorgetäuscht?

Hey, was guckst du?

Wie genau habt ihr eigentlich heute Abend eure Mitstreiter angeschaut? Klar, ihr habt mit ihnen geredet, getrunken, sie eventuell geküsst und hoffentlich nicht geschlagen, aber könntet ihr auch sagen, welche Farbe ihre Socken haben?

Teilt euch in zwei Gruppen. Jede beäugt vor Spielstart die andere sorgfältig und versucht, sich alle Feinheiten ihres Erscheinungsbildes zu merken. Dann entfernen sich die Gruppen oder drehen sich um und tauschen ungesehen vom anderen Team jeweils 8 Kleidungsstücke untereinander oder verändern diese an sich selbst. Anschließend müssen beide Gruppen die vorgenommenen Veränderungen der anderen finden.

And the winner is ...

____

Wahl des Barkönigs

Von ihnen hängt Gedeih und Verderb des Abends ab, ob du glückliche und wohlversorgte Stunden verbringen darfst oder durstend und darbend verkümmerst. Sie sind die heimlichen Herrscher der Nacht. Es wird Zeit, auch unter ihnen den Besten zu küren.

Geht von Bar zu Bar, und bewertet den jeweiligen Favoriten des Barpersonals nach verschiedenen Kategorien mit 1-10 Punkten.

Name der Bar: ______________________________

Name des/der Lieblingsbarmanns/frau: ______________________________

Besondere Merkmale: ______________________________

Kategorien Jurymitglied	Schnelligkeit	Getränkequalität	Kopfrechenkünste	Freundlichkeit	Sexyness
Summe					

Gesamtsumme:

Name der Bar: ______________________________

Name des/der Lieblingsbarmanns/frau: ______________________________

Besondere Merkmale: ______________________________

Kategorien Jurymitglied	Schnelligkeit	Getränkequalität	Kopfrechenkünste	Freundlichkeit	Sexyness
Summe					

Gesamtsumme:

Name der Bar: ______________________________

Name des/der Lieblingsbarmanns/frau: ______________________________

Besondere Merkmale: ______________________________

Kategorien Jurymitglied	Schnelligkeit	Getränkequalität	Kopfrechenkünste	Freundlichkeit	Sexyness
Summe					

Gesamtsumme:

Name der Bar: ______________________________

Name des/der Lieblingsbarmanns/frau: ______________________________

Besondere Merkmale: ____________________________________

Kategorien Jurymitglied	Schnelligkeit	Getränkequalität	Kopfrechenkünste	Freundlichkeit	Sexyness
Summe					

Gesamtsumme:

Name der Bar: ______________________________

Name des/der Lieblingsbarmanns/frau: ______________________________

Besondere Merkmale: ____________________________________

Kategorien Jurymitglied	Schnelligkeit	Getränkequalität	Kopfrechenkünste	Freundlichkeit	Sexyness
Summe					

Gesamtsumme:

Name der Bar: ______________________________

Name des/der Lieblingsbarmanns/frau: ______________________________

Besondere Merkmale: ____________________________________

Kategorien Jurymitglied	Schnelligkeit	Getränkequalität	Kopfrechenkünste	Freundlichkeit	Sexyness
Summe					

Gesamtsumme:

Ich packe meinen Bierkasten

Volle Bierkästen sind bekanntlich schwer zu tragen, aber es ist weniger schwer, sich zu merken, was drin ist: Bier. Doch was wäre, wenn in diesem Kasten nicht nur euer Standardbier zu finden wäre, sondern verschiedene Biermarken und -sorten? Dann wird es schon schwieriger …

Das Spiel ist eine Variante von „Ich packe meinen Koffer" mit Biersorten. Denn davon gibt es viel mehr, als man so denkt … Der Spieler mit dem „leersten" Glas/ Flasche fängt an: „Ich packe meinen Bierkasten und nehme …(eine (inter-)nationale Biermarke/-sorte) mit." Sein linker Nachbar wiederholt seinen Satz und ergänzt ihn um eine weitere Biersorte. So geht es reihum, bis einer den Bierkasten nicht mehr korrekt bestücken kann. Dieser scheidet aus und trinkt in Ruhe aus.

Bitte hier falten!

Thema:	Verb	Nomen
Der Sinn des Lebens ist …	küssen	Fernseher

Sinnsuche mit Umklappen

Wenn man im Laufe des Abends ein bisschen zu tief ins Glas geschaut hat, kriegt man häufiger einen philosophischen Rappel: Man möchte jetzt bitte schön endlich verstehen, wieso alles so ist, wie es ist. Zeit, die weisesten Philosophen zu befragen, die es gibt: **die Gefährten der Nacht!**

Der Philosoph nimmt das Buch und gibt in der ersten Spalte das Thema vor, also zum Beispiel „Der Sinn des Lebens ist … “, „Morgen mache ich …“ oder „Ich habe noch nie …“. Dann knickt er die Spalte nach hinten weg, sodass sie nicht mehr sichtbar ist, und gibt das Buch nach links weiter. Der Nächste schreibt in die nächste Spalte ein Verb (zum Beispiel küssen) und knickt auch diese Spalte um. Der letzte Philosoph steuert nun noch ein Nomen bei (zum Beispiel der Fernseher) und gibt nun den fertigen Sinnspruch an den nächsten Polisbewohner weiter. Dieser faltet die Seite auseinander und verliest die Erkenntnis. Bei Zustimmung trinkt er einen Schluck. Bei Ablehnung auch.

So erlangt man wertvolle Erkenntnisse, wie „Der Sinn des Lebens ist Megabytes essen“, „Nina hat noch nie mit ihrem Auto gestritten“ und „Frank schlägt morgen das Bier“.

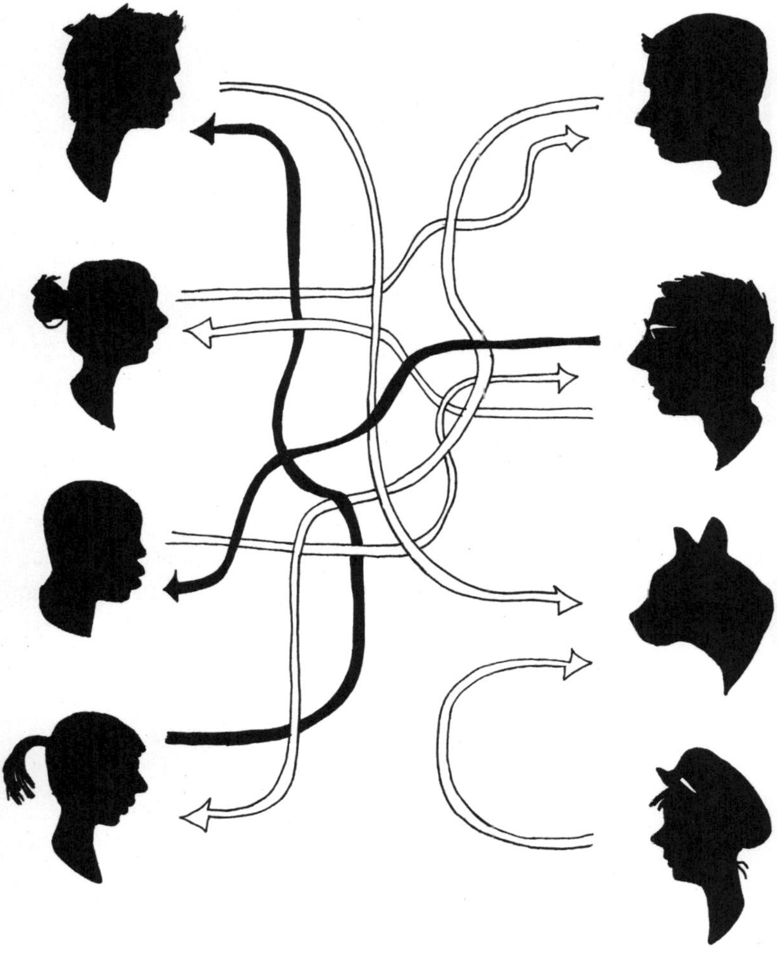

Sortiert euch nach zum Beispiel . . .

- der Anzahl eurer bisherigen Getränke
- der Haarlänge
- der Größe (ohne Absätze!)
- dem Alter (auf den Tag genau!)
- der Anzahl eurer Sexpartner
- der Postleitzahlhöhe eurer Geburtsorte
- der Buchstabenzahl eurer Vornamen (mit Zweitnamen!)
- . . .

Das Sortier-Tier

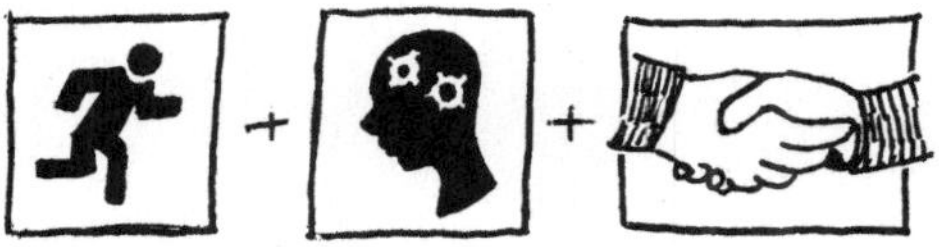

Je länger die Nacht, desto größer das Chaos: Menschen, Orte und Getränke wechseln, und alles dreht sich immer schneller, kein Wunder, dass man sich nach ein bisschen Ordnung sehnt. Die schafft jetzt das Sortier-Tier anhand allgemein bekannter und bezeugter Tatsachen und intimer Geständnisse.

Dieses Spiel funktioniert erst ab 8 Mitspielern. Versucht, euren chaotischen Haufen in zwei ungefähr gleiche Gruppen zu teilen (auch räumlich). Jede Runde gibt es ein neues, neutrales Sortier-Tier, das ein Thema vorgibt, nach dem sich jede Gruppe so schnell wie möglich sortieren muss. Die Gruppe, die sich als erste entsprechend der Aufgabe aufgestellt hat, hat die Runde gewonnen.

Zeit für ... ein Gedicht

Manchmal geht es im Leben zu wie in der „Merci"-Werbung: Da trifft man Menschen, denen man unbedingt etwas Nettes sagen möchte, vielleicht weil er oder sie einen nach langem Warten an der Supermarktkasse liebevoll anlächelt, gerade den Zahnstein entfernt hat oder aber immer so schön den Frühstückstisch deckt. Und weil so ein profanes „Danke" allein nicht gerade üppig rüberkommt und Schokolade schnell auf die Hüften schlägt, ist das ideale Ausdrucksmittel für Wertschätzung ein schönes Gedicht.

Wie ihr seht, haben wir euch zur Inspiration ein paar Zeilen vorgegeben, und ja, auch die Postkartenform ist kein Zufall: Am besten schneidet ihr die Karte sofort aus und schickt sie heute Abend noch ab. Vorher könnt ihr eurem lieben Menschen auf der anderen Seite der Postkarte noch ein nettes Bildchen malen.

Liebe(r) ____________________,

heute wollt ich dir endlich sagen

____

Wenn ich dich von fern nur seh'

____

Schon seit langem wünsch ich mir

____

Drum denk daran, mein __________

____

____

____

____

Werte(r) ____________________,

heute wollt ich dir endlich sagen

____

Wenn wir uns von weitem sehen

____

Schon seit langem wünsch ich mir

____

Drum denk daran, ______________

____

Zeit für ... ein anderes Gedicht

Manchmal geht es im Leben zu wie in einer Jauchegrube - es stinkt einfach alles, und das hat auch einen Grund: Seitdem diese eine Person in eurem Leben aufgetaucht ist, ist einfach nichts mehr so schön, wie es sein könnte. Darum ist es jetzt an der Zeit, in schönen, wohlgewählten Worten die Missstände anzusprechen und aus der Welt zu räumen - und was könnte da besser helfen als ein Gedicht!?

Wie ihr seht, haben wir euch zur Inspiration ein paar Zeilen vorgegeben, und ja, auch die Postkartenform ist kein Zufall: Am besten schneidet ihr die Karte sofort aus und schickt sie heute Abend noch ab. Und vergesst die Illustrierung eures Unmutes auf der Rückseite nicht.
Nur damit wir auf der sicheren Seite sind, kommt hier noch ein Warnhinweis: Wenn ihr tatsächlich Beleidigungen an andere Menschen schickt, ist das strafbar (auch wenn sie sich reimen), darum immer schön höflich bleiben.

Trinkt euch schön!

Dass das Schöntrinken des jeweils anderen Geschlechts tatsächlich funktioniert, ist ja mittlerweile schon wissenschaftlich bewiesen und praktisch vielfach getestet worden. Da liegt es doch nahe, es auch mal für die eigene Egoaufwertung auszuprobieren!

Der Reihe nach nimmt jeder einen großen Schluck, schaut seinem linken Nachbarn tief in die Augen und macht ihm ein Kompliment, das alle vorangegangenen Komplimente noch übertrifft. Nach einem Richtungswechsel darf man in der nächsten Runde seinem rechten Nachbarn nun schöne Augen machen.

Von „Alter, dein Elfmeter neulich, wuhuu!“ bis „Deine Augen leuchten heute besonders schön!“ – Hauptsache, ehrlich gemeint und charmant!

Autohumorist

Prekärurination

Digitalsamkeit

Pubertätsdünkel

Waschdilemma

Müllgration

Wortklabauter

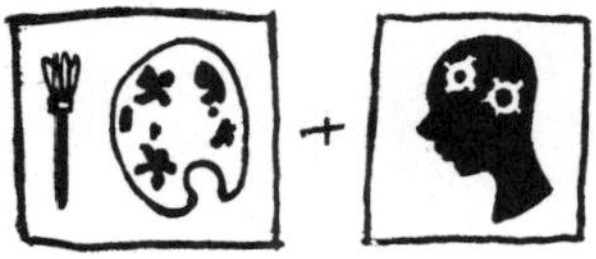

Manchmal öffnet und schließt man den Mund wie ein Goldfisch, doch die richtigen Worte wollen einfach nicht rauskommen – denn es gibt sie nicht! Noch nicht …

Wir haben uns für solche Situationen ein paar fehlende Wörter überlegt. Bleibt nur die Frage, was sie bedeuten. Beratet, wofür folgende Wörter stehen könnten. Die kreativste und einleuchtendste Antwort gewinnt. Unsere Vorschlagslösungen findet ihr auf Seite 220.

Friscogenital

Wildklick

Mindsnapping

Was ist dein größter Wunsch?

Was ist deine größte Angst?

Was wolltest du werden, als du 6 Jahre alt warst?

Was würdest du als Millionär machen?

Was ist deine größte Stärke?

Was ist deine größte Schwäche?

Wenn du morgen sterben würdest,
was würdest du dann jetzt machen?

Was soll auf deinem Grabstein stehen?

Was ist das Wertvollste, das du besitzt?

Was würdest du auf eine einsame Insel mitnehmen?

Was isst du zum Katerfrühstück?

Was ist dein Lieblingsgetränk?

Wo steht dein Traumhaus?

Wenn dein Leben ein Film wäre, welcher wäre das?

Wenn dein Leben ein Song wäre, welcher wäre das?

Wenn dein Leben ein Buch wäre, welches wäre das?

Ich weiß, was du denkst

Ihr seid eine verschworene Truppe, und keiner kann dem anderen was vormachen? Dann ist dieses Spiel ein leichtes für euch!

Zu jeder der Fragen links soll die Gruppe die Antwort eines vorher bestimmten Mitspielers erraten. Dafür schreiben alle eine Antwort (maximal drei Wörter in Druckbuchstaben) verdeckt auf gleichförmige(!!) Zettel, Bierdeckel oder Ähnliches: Der Auserwählte schreibt seine eigene, alle anderen das, was sie denken, das der Auserwählte antwortet. Die Zettel werden gemischt und in der Mitte aufgedeckt.

Nun versucht jeder Spieler, die Originalantwort des auserwählten Mitspielers zu finden und markiert seinen Tipp. Haben alle geraten, wird aufgelöst. Alle erfolgreichen Gedankenleser bekommen zwei Punkte. Außerdem kriegt derjenige, dessen Antwort die meisten falschen Tipps bekommen hat, einen Extrapunkt für die beste Täuschung. Der Gesamtsieger darf sich was von Seite 214/215 wünschen …

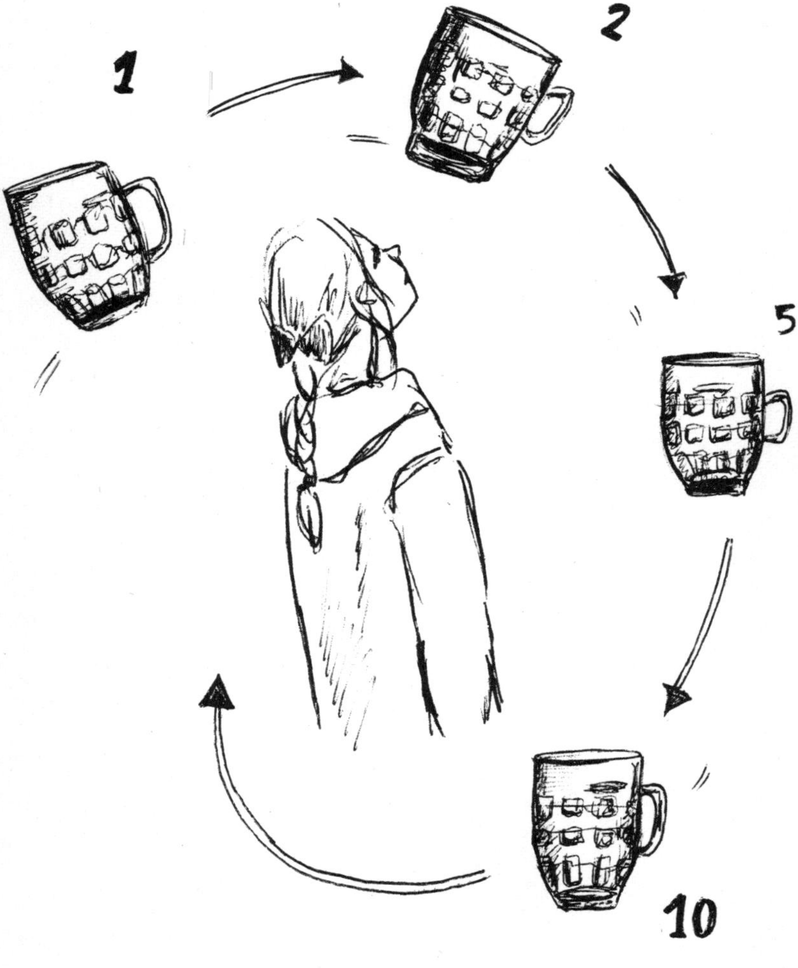
1
2
5
10

Gläserrücken

Manchmal kann man sich einfach nicht einigen, wer die nächste Runde holen soll. Doch bloß kein Streit, um diese Frage zu beantworten. Es geht doch so einfach! Ihr spielt am besten eine Runde Gläserrücken, und schon habt ihr mit ein bisschen Rhythmusgefühl ausgezählt, wer sich auf den Weg machen muss.

Zieht ein Glas bzw. eine Flasche aus dem Verkehr, sodass es eins weniger als Mitspieler gibt. Nun werden die Gläser reihum im Takt weitergeschoben, nach dem Motto:

1,2,3,4 - wo ist mein Bier? 5,6,7 - wo ist es geblieben? 8,9,10 - du musst's kaufen gehen!

Die nächste Runde muss der holen, vor dem beim Ende des Spruchs kein Glas steht.

M

Handfeste Tatsachen

Auf diesen Seiten könnt ihr den Abend dauerhaft und in 4 bis 5 D (inklusive Geruchs- und Geschmacksdimensionen) verewigen:

Lippenstiftküsse, Glasränder, Haarlocken, Tränen und Blut, Bieretiketten, Deospritzer, Eintrittsstempel - was immer ihr wollt, klebt es hier ein:

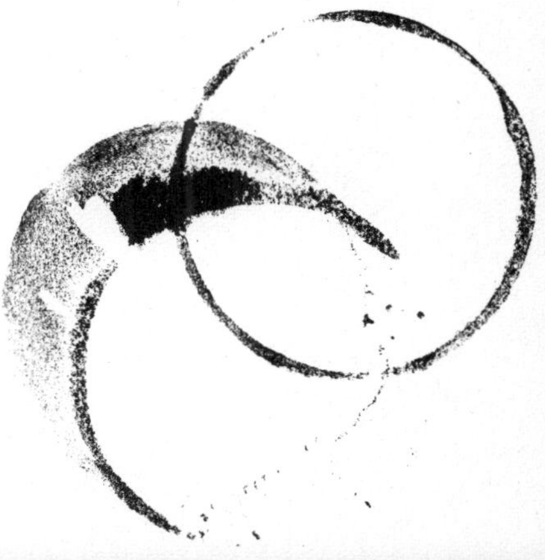

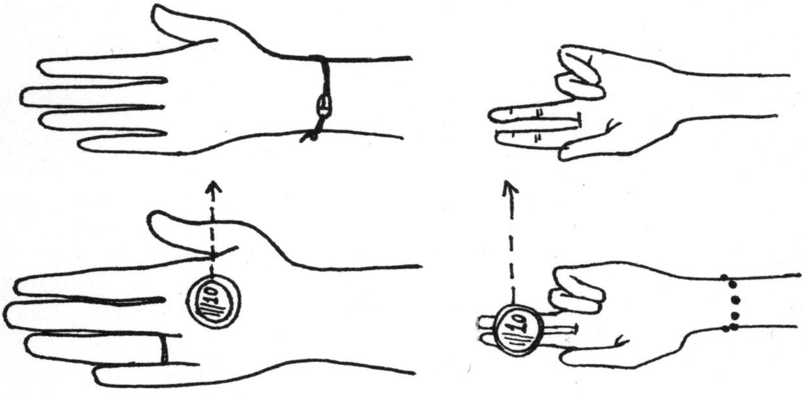

Griechenland ist ___________________________________

____

____

____

____

____

____

Eurostabilitätspakt

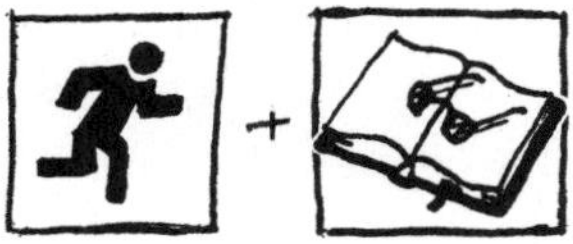

Keine Panik, wir rollen hier nicht die ganze Euro-Krisendebatte auf! Vielmehr wollen wir die Sache mal ein bisschen spielerisch angehen und schauen, wie stabil die Eurozone mit euch als Mitgliedsländern denn so wäre. Auf geht's, rettet den Euro!

Eine Münze (je kleiner, desto schwerer) wird reihum von Spieler zu Spieler (von Mitgliedsstaat zu Mitgliedsstaat) weitergereicht, wobei jedes Land für die Übergabe nur eine Hand verwenden darf. In der ersten Runde wandert die Münze zunächst von Handrücken zu Handrücken, in der nächsten von zwei Fingern auf zwei Finger und schließlich von einem Finger auf einen Finger. Das Euromitglied, das die Münze am häufigsten fallen lässt und damit die Stabilität des Euros am meisten gefährdet, ist Griechenland und hat verloren! Als Strafe folgen die Sanktionen, zu finden laut Eurostabilitätspakt auf Seite 216/217.

Überall um uns herum sind Menschen, Menschen, Menschen - doch man kommt einfach so selten miteinander in Kontakt! Es ist aber auch schwierig, auf fremde Leute zuzugehen, man weiß ja nie, ob die nicht lieber ihre Ruhe haben wollen. Zum Glück sind wir alle des Schreibens mächtig und können unsere Botschaften so nur unter denen verbreiten, die gerade Lust auf Kontaktaufnahme haben. Die folgenden Seiten sind darum zum Rausreißen und Aufhängen gedacht. Füllt sie aus, und macht eure Stadt mit euren Aushängen weniger anonym!

Gesucht!

__________ Abend haben wir ____________________

verloren! Das macht uns sehr traurig, denn __________

______________________________.

Zuletzt haben wir ihn/sie/es ____________________

______________________________ gesehen.

Wer uns helfen kann, melde sich bitte bei __________

______________________________.

Du findest uns ____________________.

Danke!

Es ist so weit!

Morgen mache ich wirklich …

Lasagne zum Abendessen	den Fernseher aus	mein Zimmer sauber	…	…	…

Bist du auch der Meinung,

dass ______________________________

nein | ja | nein | ja | nein | ja

Partnergesuch

Hallo, ich (Jahre) suche dich (ca.   -   ),
um gemeinsam ______________________________.
Ich mag besonders gern ____________________________________.
Das wird nur noch dadurch getoppt, dass ___________________________.
Du solltest ______________ und _________________________ sein.
Gar nicht mag ich _________________________. Klar, auch ich hab
meine Macken, nämlich ____________________________________,
aber das gleiche ich aus durch ______________________________.
Wenn du Lust hast, melde mich bei mir, ich sitze zwischen ______
und ____ Uhr ______________ und trinke ______________.

Das bin ich:

Was ist denn hier passiert?

Diese Frage stellt man sich öfter mal am Morgen nach einer interessanten Nacht. Um eure Fähigkeiten zur logischen rationalen Rekonstruktion der Geschehnisse zu trainieren, übt ihr am besten schon jetzt!

Teilt euch in zwei Gruppen. Die eine erfindet in fünf Minuten ein kleines Szenario, von dem sie aber nur das Ende in einem sehr vereinfachenden Satz präsentiert. Die andere Gruppe versucht durch Ja-/Nein-Fragen die komplette Geschichte herauszufinden. Wer ein „Nein" kassiert, muss trinken. Wird das Szenario nicht geklärt oder fleht die ratende Gruppe um die Auflösung, darf sich die Erfindergruppe mit einer Aktion von Seite 214/215 belohnen.

Iris spricht im Bundestag, was ist passiert?

Sie sitzt auf der Besuchertribüne und flüstert da mit Karin.

Ihr könnt nun beliebig oft in die Recalls rufen – der BESTE FREUND ist schließlich der, der am Ende die meisten Buddy-Points hat.

Deutschland sucht den besten Freund (DSDBF)

Natürlich seid ihr alle ganz dolle befreundet, kennt euch schon seit einer Ewigkeit (also von 10 Minuten bis ein Leben lang) und würdet miteinander durch dick und dünn gehen. Aber wer von euch ist eigentlich der beste BESTE FREUND? Zum Glück hat uns das moderne Medienzeitalter die Antwort auf alle Fragen der richtigen Personalbesetzung gebracht: das Casting!

Das Casting besteht aus drei Runden, bei denen ihr euch jeweils einer Frage oder Aufgabe aus den Bereichen Wissen, Handeln und Fühlen stellen müsst. Wie ihr seht, gibt es aber Auswahlmöglichkeiten, und ihr könnt auch mehrere Durchgänge machen bzw. in den Recall kommen. Jeder ist übrigens sowohl Jurymitglied als auch Kandidat.
Runde 1 ist „Wissen". Der erste Kandidat liest eine Frage aus der Kategorie vor und beantwortet sie selbst so schnell wie möglich. Nacheinander geben nun seine Nachbarn im Uhrzeigersinn ebenfalls ihre Antwort ab, wobei Wiederholungen der Jury nicht gefallen dürften. Nachdem jeder geantwortet hat, stimmt die Jury ab, was hier bedeutet, dass jeder mit dem Finger auf den Kandidaten zeigt, dessen Antwort ihm am besten gefallen hat. Der mit den meisten Stimmen bekommt einen Best-Buddy-Punkt.
Runde 2 ist „Handeln". Ein anderer Kandidat wählt nun eine Aktion und beginnt auch gleich als Erster, sie in die Tat umzusetzen. Auch hier folgen die anderen Kandidaten. Nach dem Küren des 2. Rundensiegers (erneut durch Juryfinger) geht es in die 3. Runde zur Kategorie „Fühlen". Wieder beginnt der Kandidat, der die Aufgabe ausgesucht hat, doch hier bekommt jeder einen Buddy-Point, der sie erfolgreich gelöst hat.

CASTINGKATEGORIEN:

Kategorie I : Wissen – Know it!

Partylöwe: Dein BESTER FREUND gibt eine Party, die einfach nicht in die Gänge kommen will. Was machst du?

Abseiler: Wie hilfst du deinem BESTEN FREUND, von einem unbeliebten Gesprächspartner loszukommen?

Herzschmerz: Dein BESTER FREUND hat Liebeskummer. Was machst du, um ihn aufzuheitern?

Hangover: Dein BESTER FREUND wacht neben einem Tiger und einem Baby auf und ruft dich panisch an. Was tust du?

Looser: Dein BESTER FREUND hat euch unterwegs verloren, sein Handy ist kaputt, und er irrt einsam durch die Stadt. Was tust du?

Weitere Know-it-Ideen: ______________________________

____

____

Kategorie II : Handeln – Do it!

Würdest du …

mit mir Pferde stehlen? Dann beweis es!

mit mir durch dick und dünn gehen? Dann beweis es!

mir blind vertrauen? Dann beweis es!

mir immer meinen Rücken freihalten? Dann beweis es!

für mich durchs Feuer gehen? Dann beweis es!

Weitere Do-it-Ideen: ______________________________

____

____

Kategorie III : Fühlen – Feel it!

Gesichter ertasten:
Dem Kandidaten werden die Augen verbunden, und er muss das Gesicht eines Mitbewerbers ertasten.

Am Geruch erkennen:
Der Kandidat schnüffelt an einem Mitbewerber und versucht, dessen Identität zu erraten.

Der feste Händedruck:
Die Kandidaten müssen einen Mitbewerber am Händedruck erraten.

Der Schlüssel zur Freundschaft:
Die Kandidaten müssen einen Schlüsselbund abtasten und erraten, wem er gehört.

Die goldene Stimme:
Die Kandidaten müssen einen Mitbewerber an der Stimme erkennen, während er ihnen etwas ins Ohr flüstert.

Weitere Feel-it-Ideen: ______________________________

____

____

____

____

____

____

____

____

Finale:

________ __ : __ ________

Halbfinale:

_____ _ : _ _____	_____ _ : _ _____

Viertelfinale:

_____ _ : _ _____	_____ _ : _ _____
_____ _ : _ _____	_____ _ : _ _____

Vorrunden:

___ _ : _ ___	___ _ : _ ___	___ _ : _ ___
___ _ : _ ___	___ _ : _ ___	___ _ : _ ___
___ _ : _ ___	___ _ : _ ___	___ _ : _ ___

Teilnehmer: ______________________

____

____

Die Schnick-Schnack-Schnuck-Weltmeisterschaft

Wo lang geht's? Welche Bar ist das Ziel? Wer kriegt den Typen in der Ecke? Unstimmigkeiten löst der Herr/die Dame von heute nicht mit tätlichen Übergriffen – also mitten in die Fresse –, sondern mit einem gepflegten Schnick-Schnack-Schnuck-Battle, in anderen Regionen auch Fli-Fla-Flu oder auch Stein-Schere-Papier genannt. Damit ihr euch in dieser Königsdisziplin nicht nur bei der Entscheidungsfindung übt, veranstaltet jetzt eine Fli-Fla-Flu-WM! Auf dass sich das Sommer- oder Wintermärchen wiederholt!

Dabei klärt bitte vorher, ob ihr die Basis-Version mit Stein, Schere und Papier spielt oder ob es noch Extrafiguren wie Brunnen, Flammen oder Ähnliches gibt.

Schmidteinander rauchen

Rauchen kommt zwar so langsam aus der Mode, doch wer möchte es leugnen: Beim geselligen Zusammen-Rumstehen kommt man einfach besonders gut ins Reden. Altkanzler und Nationalraucher Helmut Schmidt ist natürlich ein blendendes Vorbild, wenn es darum geht, die großen Themen des Tages bei einer Zigarette zu analysieren.

Tut es ihm bei eurer nächsten Raucherrunde gleich: Lasst eine Zigarette zu Schmidts Ehren kreisen, und derjenige, der sie gerade hält, tut sein Bestes, ihm beim Erklären des Weltgeschehens nachzueifern.

MY NAME IS ROTER ZITTERAAL

Häuptling Feuerwasser

Habt ihr euch auch schon einmal einen anderen Namen gewünscht? Weil ihr das Gefühl hattet, es gibt einfach zu viele Michaels, Steffis, Christians und Annes? Wäre es nicht viel besser, einen wirklich individuellen Namen zu haben, der etwas über euch aussagt? Dann ist es an der Zeit, sich nach alter Indianertradition von den Blutsbrüdern einen Namen geben zu lassen.

Euer Indianerstamm erfindet der Reihe nach einen Namen für jeden Krieger. Dabei überlegt sich die eine Hälfte des Stammes passende Adjektive oder Verben, und die andere überlegt sich typische Tiere oder Naturelemente, die zu dem neuen Namen passen. Zusammen findet man die passende Kombination. Nach jeder mehrheitlich beschlossenen Namensgebung wird auf den neuen Namen mit Feuerwasser angestoßen.

Michi wird zum Rülpsenden Elch, Tobi zum Schlafenden Berg, Julia zum Nerdigen Wiesel, Timm zum Roten Zitteraal, Eva zum Lachenden Wasserfall und Andy zum Verspäteten Sommerregen.

Name: ______________________ : Wenn ich ein/e Mann/Frau wäre,
____.
Drauf geschissen: ____________ (Uhrzeit), ____________ (Unterschrift)

Name: ______________________ : Wenn ich ein/e Mann/Frau wäre,
____.
Drauf geschissen: ____________ (Uhrzeit), ____________ (Unterschrift)

Name: ______________________ : Wenn ich ein/e Mann/Frau wäre,
____.
Drauf geschissen: ____________ (Uhrzeit), ____________ (Unterschrift)

Name: ______________________ : Wenn ich ein/e Mann/Frau wäre,
____.
Drauf geschissen: ____________ (Uhrzeit), ____________ (Unterschrift)

Name: ______________________ : Wenn ich ein/e Mann/Frau wäre,
____.
Drauf geschissen: ____________ (Uhrzeit), ____________ (Unterschrift)

Name: ______________________ : Wenn ich ein/e Mann/Frau wäre,
____.
Drauf geschissen: ____________ (Uhrzeit), ____________ (Unterschrift)

Name: ______________________ : Wenn ich ein/e Mann/Frau wäre,
____.
Drauf geschissen: ____________ (Uhrzeit), ____________ (Unterschrift)

Name: ______________________ : Wenn ich ein/e Mann/Frau wäre,
____.
Drauf geschissen: ____________ (Uhrzeit), ____________ (Unterschrift)

Ach, scheiß doch drauf!

Wie oft kriegen wir es von Papa, Mario Barth, Eva Hermann, Alice Schwarzer und sonstigen Moralaposteln des Geschlechterkrieges gesagt: Das macht Mann nicht! Oder etwas feiner für das weibliche Geschlecht: Das gehört sich nicht für eine Dame! Zeit, eine Antwort darauf zu geben: Scheiß drauf!

Jeder stellt sich kurz die gewissen Freiheiten, die das andere Geschlecht hat, vor und trägt reihum in die „Scheiß drauf"-Liste ein, was er oder sie in der Haut des anderen Geschlechts tun würde. Die Liste wird von einem FIO (Fuck-it-Officer) verlesen. Augenblicklich oder im Laufe des Abends scheißen nun die Mitspieler auf die Konventionen und erfüllen sich ihren Wunsch als Mann alias Frau und umgekehrt.

Das könnte dann so aussehen:
Peter: Wenn ich eine Frau wäre, würde ich heute Abend Piña Colada trinken. Drauf geschissen: 23:20 Uhr, Unterschrift
Nina: Wenn ich ein Mann wäre, würde ich mich zwischen den Beinen kratzen. Drauf geschissen: 23:30 Uhr, Unterschrift

Flaschenpost

Die Flaschenpost ist wohl eine der romantischsten und aufregendsten Arten der Kontaktaufnahme – schade nur, dass sie in Zeiten des Pfandsystems ein wenig aus der Mode gekommen ist. Da heute aber nichts mehr „altmodisch“, sondern „retro“ ist, können wir auch der Flaschenpost zu einem Comeback verhelfen!

Schnappt euch eine leere Flasche – Vorsicht, gut austropfen lassen! –, und schreibt einen Brief. Setzt dann die Flasche aus. Ob ihr die Kontaktaufnahme zu einer bestimmten Person durch gezieltes Vor-die-Nase-Setzen forciert oder die einsame Flasche in mehr oder minder fließenden Gewässern ihrem Schicksal überlasst, entscheidet natürlich ihr.

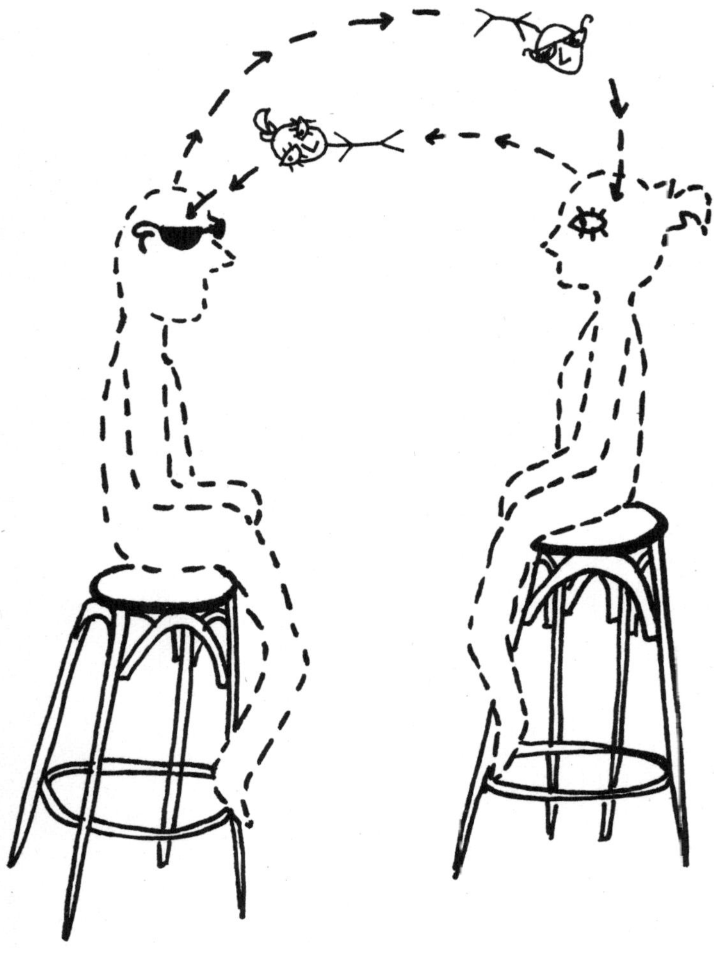

Barhocker wechsle dich

Es ist doch immer wieder wichtig, das Weltgeschehen auch mal aus einer anderen Perspektive zu betrachten. Doch so schwer es sein mag, Obama zum russischen Präsidenten und den Dalai Lama zum Papst zu machen, so leicht ist es für Weltgrößen und Nachtvolk, zumindest Sitzplatz und Blickwinkel mit den Mitmenschen zu tauschen. Für den Weltfrieden!

Der Mitspieler mit den längsten Haaren gibt das Startzeichen mit dem Signalsatz „Barhocker wechsle dich", worauf alle den Sitz- oder Stehplatz ihres linken Nachbarn einnehmen und sich in dessen Leben hineinversetzen. Der langhaarigste Mitspieler beginnt nun wiederum mit seinem Ratschlag: „Also ich würde mich an deiner Stelle darüber freuen, einen so guten Job zu haben." Nacheinander werden nun Einsichten, die Perspektivwechsel so mit sich bringen, geäußert, zum Beispiel auch optische Verbesserungsvorschläge. „... ich würde an deiner Stelle kein Gelb mehr tragen." Nach vollendeter Gruppentherapie wandern auf ein abermaliges Signal des Langhaarigsten alle wieder einen Platz nach links und geben nun ihren Senf zum Leben desjenigen dazu, durch dessen Augen sie nun in der zweiten Runde sehen. Ebenso wird in weiteren Runden verfahren, bis jeder genug gute Ratschläge bekommen hat.

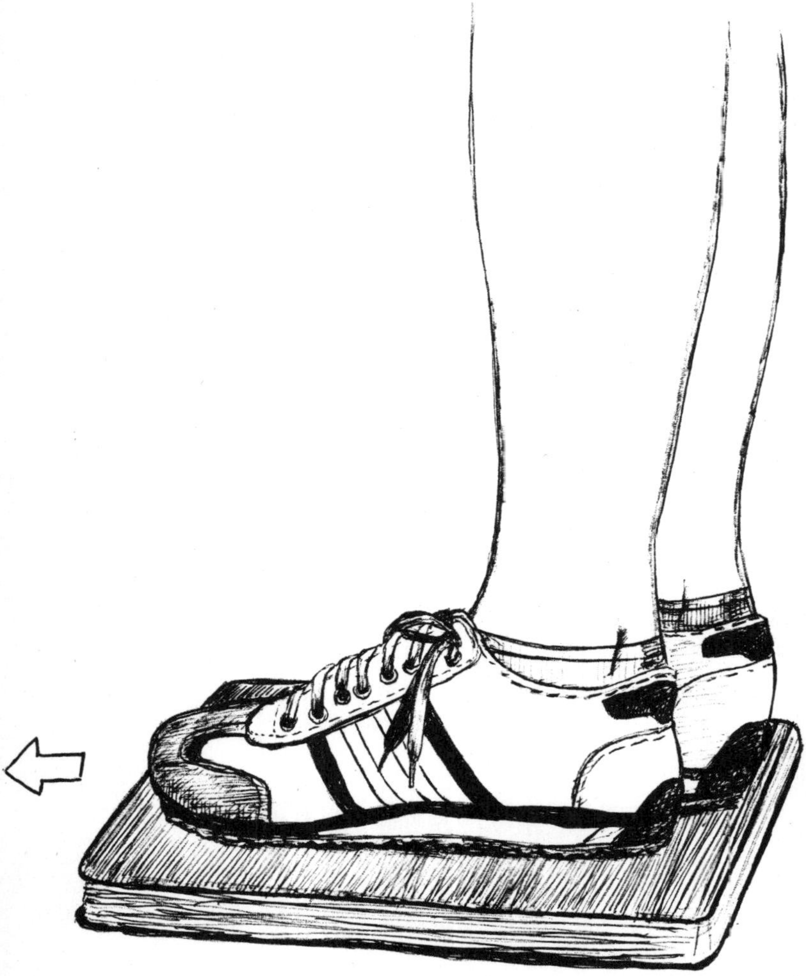

Alle Wege führen zum Bier

Wer inzwischen meint, er hätte schon genug getrunken, sich durch Gruppenzwang aber dennoch genötigt fühlt, bald wieder Nachschub zu holen, der findet hier die ideale Möglichkeit zum Zeitschinden. Denn es führen zwar alle Wege zum Tresen, doch manche sind eben länger – und vor allem steiniger – als andere. Da kann's dann schon mal länger dauern …

Begib dich zur Bar, aber ohne mit den Füßen den Boden zu berühren – dafür darfst du zum Beispiel das Buch auf den Boden legen und darauf rutschen, drehen und hüpfen. Nur wenn du doch auf den Boden trittst, musst du den Weg leider wieder von vorne beginnen.

... der am längsten im Bad braucht

... Belesenste

... Schnellste

... der am besten kocht

... größte Facebook-Junkie

... Schlagfertigste

... Verliebteste

... Betrunkenste

... Chaotischste

Fingerzeiger

Im Kindergarten haben wir zwar gelernt, dass man nicht mit nacktem Finger auf angezogene Leute zeigen soll, aber juhu: Wir sind ja nicht mehr im Kindergarten und können jetzt machen, was wir wollen!

In jeder Gruppe zeichnen sich alle Mitglieder durch bestimmte Eigenschaften, Talente oder Defizite aus - aber wer wen in welchem Bereich für besonders hält, weiß man untereinander in der Regel nicht. Das wollen wir nun herausfinden, indem wir fragen, wer in unserer Runde besonders schön, schlau oder schlagfertig ist. Direkt nach der Frage zeigt jeder auf denjenigen in der Runde, auf den die Eigenschaft seiner Meinung nach am ehesten zutrifft. Mal sehen, wie einig ihr euch seid!

... Klügste

... am weitesten Gereiste

Bei welcher Gelegenheit haben wir uns kennengelernt?

Mit welchem Satz
sind wir ins Gespräch gekommen?

Wann hast du dir zum ersten Mal gedacht,
dass du gern mit mir befreundet wärst?
Und warum?

Welche Meinung hattest du anfangs von
mir? Und hat sich das bestätigt?

Was glaubst du, hält
unsere Freundschaft
zusammen?

Was ist unsere größte Gemeinsamkeit?
Und der größte Unterschied?

Was ist unser nächstes großes Projekt?

Erzähl mal, Alter

Mensch, jetzt kennt ihr euch doch schon ewig (zumindest seit ein paar Stunden), und wenn man so lange befreundet ist, kann man ruhig mal emotional werden und dem anderen sagen, was er einem bedeutet und wie wichtig er in unserem Leben ist. Zugegeben, man findet dafür nicht immer die richtigen Worte, aber zumindest ein paar Schlüsselfragen haben wir euch hier aufgeschrieben.

Was ist unsere gemeinsame Lieblingsbeschäftigung?

Hand aufs Herz, fandest du schon mal einen Partner von mir besser, als gut ist?

Was war eigentlich damals los, als wir nur so wenig Kontakt hatten?

Glückslos
Du gewinnst
!
Glückslos
Du gewinnst
!
Glückslos
Du gewinnst
!
Glückslos
Du gewinnst
!
Glückslos
Du gewinnst
!
Glückslos
Du gewinnst
!

Nachttombola

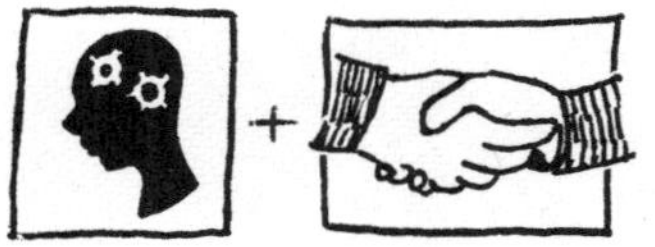

Alle Menschen gewinnen gern, am liebsten im Lotto. Damit können wir nun leider nicht dienen, aber wir können jetzt sofort eine Nachttombola starten, bei der garantiert jeder gewinnt!

Der Nachteil ist dabei, dass vorher jeder, der mitmachen will, auch eine Kleinigkeit für den Topf beisteuern muss. Also überlegt euch, wovon ihr euch in den nächsten fünf Minuten auf Nimmerwiedersehen trennen wollt, schreibt es auf eins der Lose, faltet es, und mischt sie gut durch. Dann darf jeder ziehen und glücklich seinen Gewinn entgegennehmen.

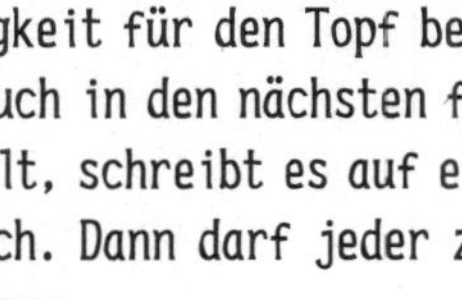

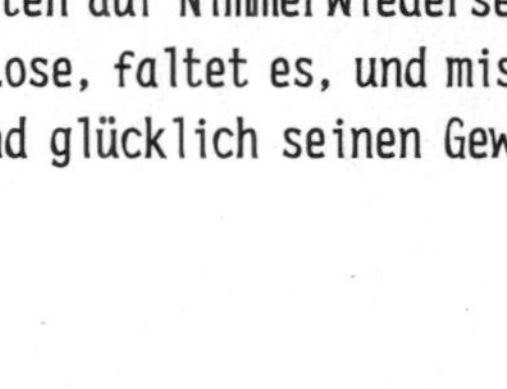

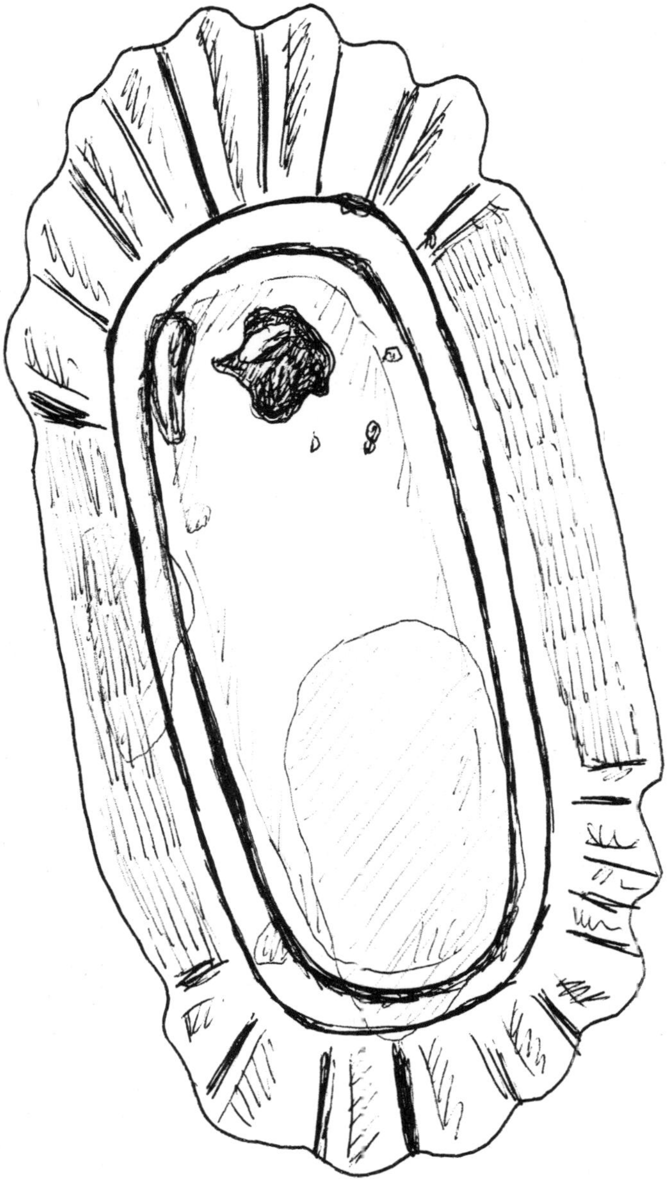

Kleckstest

Hui, es ist spät geworden! Der Alkohol wirkt, und so langsam kriegt ihr Hunger. Nun habt ihr euch eine Portion Pommes redlich verdient – am besten mit Ketchup und Mayo, damit es ans Eingemachte gehen kann, denn mit Hilfe eines nächtlichen Snacks lassen sich psychologische Untiefen entdecken. Was meint ihr im Ketchup- oder Mayoklecks zu sehen? Das sagt viel über euer unterdrücktes Gewaltpotenzial, vermisste Mutterliebe und erotische Wünsche aus.

Wir wollen auf den Spuren von Hermann Rorschach wandeln, der 1921 den gleichnamigen Test veröffentlichte – also den, bei dem man aus Klecksen Bedeutungen herauslesen muss und je nach Interpretation Rückschlüsse auf den Charakter schließen kann.

Also los! Jeder darf einmal klecksen, dann das Buch zusammenklappen und sagen, was er in dem Klecks erkennt – voilà, fertig ist der Psychotest! Die Auflösung folgt auf Seite 221.

Klecksplatz

Klecksplatz

Klecksplatz

Gezeichnet:

Das Gruppenmanifest

Nachdem ihr als Gefährten der Nacht, als Co-Agenten, als Psychiater-Kollegen, Polisbewohner, Casting- und Jurymitglieder und vieles mehr gemeinsam Fantastisches erlebt habt, ist es nun an der Zeit, ein Manifest zu verfassen. Legt fest, auf was ihr schwört, was ihr euch versprecht und wem ihr abschwört und nie wieder ein Wort darüber verliert. Alles, was ihr mal so sagen wolltet: Raus damit!

Name:					
Konsumgüter:					
Bier(-flaschen)					
Sekt/Wein(-gläser)					
Schnäpse					
Longdrinks					
Burger					
Kondome					
Kaugummis					
Pommes/Pizza/ anderes Junkfood					
Telefonnummer bekommen					
Telefon verloren					
Verlorene Würde					
Herzen gewonnen					
Herzen verloren					
Handgreiflichkeiten					
Handgreiflichkeiten (erträumte)					
Zerbrochene Gläser					
Ruinierte Kleidung					
Stürze					
Vergessene Minuten					
Übergeben					

Statistikseite

Damit ihr morgen noch wisst, wo die Kopfschmerzen, blauen Flecken und sonstige Abnutzungserscheinungen herkommen, könnt ihr anhand dieser Statistikseite nachprüfen, was ihr in Zahlen eigentlich getrieben habt.

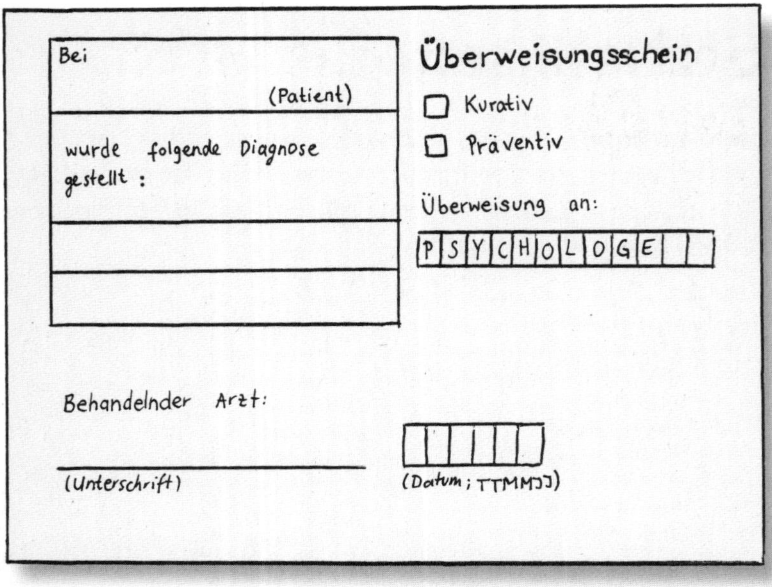

Bei

(Patient)

wurde folgende Diagnose gestellt:

Überweisungsschein

☐ Kurativ

☐ Präventiv

Überweisung an:

P	S	Y	C	H	O	L	O	G	E		

Behandelnder Arzt:

(Unterschrift)

(Datum; TTMMJJ)

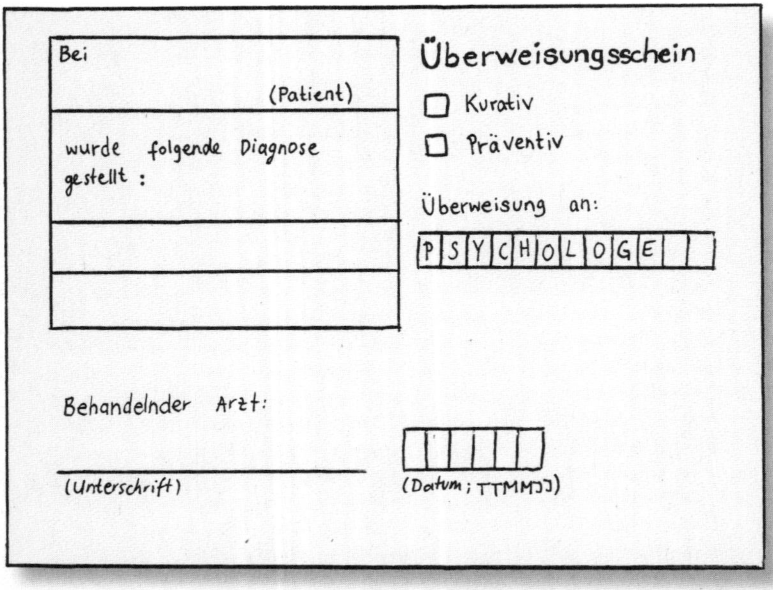

Bei

(Patient)

wurde folgende Diagnose gestellt:

Überweisungsschein

☐ Kurativ

☐ Präventiv

Überweisung an:

PSYCHOLOGE

Behandelnder Arzt:

(Unterschrift)

(Datum; TTMMJJ)

Und wie war das jetzt? Teil 1

Unsere kleine Klapse

Nun habt ihr's rausgefunden, welche Schraube bei wem locker ist bzw. war? Dann stellt doch die Diagnose, und habt ihr schon euer Honorar von Seite 214/215 kassiert?

2
3
5

Und wie war das jetzt? Teil 2

DIY-Orakel

Mühevoll habt ihr euch euren Orakelspruch erbastelt und erwürfelt … und nun ist es an der Zeit, die Hellsichtigkeit unseres kleinen Orakels zu überprüfen. Wessen Orakelspruch hat sich denn am ehesten erfüllt?

Der Orakelspruch von ____________

lautete ____

und er erfüllte sich durch ______________________________

____

____

____

Vorm Schlafengehen

Bevor ihr nun die Augen schließt, solltet ihr noch viel Wasser trinken, am besten mit Magnesium-Kalzium-Tablette, und einen Löffel Honig essen – morgen werdet ihr euch darüber freuen.

Die besten Sprüche

Verewigt hier eure zukünftigen Running Gags, eure Lebenseinsichten und erfolgreichsten Anmachsprüche:

Der Morgen danach

(Epilog)

Die Rückführung ins frühere Leben

Erinnere dich!

Guten Morgen! Du bist halbwegs wieder bei Bewusstsein, kannst deine Äuglein einen kleinen Spalt breit öffnen, und du bist fähig, Buchstaben zu Wörtern und Wörter zu Sätzen zu verbinden? Nicht schlecht! Nun, machen wir uns an eine weitere große Herausforderung: **das Zurückerinnern an die letzte Nacht.**

Basiskurs: Wer bin ich?

Denk nach! Nur keine Eile! Versuch auf folgende Fragen zu antworten. Und keine Angst, die Fragen sind nicht schwer. Du musst auch nur ankreuzen.

Du bist ...

☐ ein Mann ☐ eine Frau ☐ über Genderstereotype erhaben
☐ ein Häuflein Elend

Wie heißt du?

☐ Elvis ☐ Christian ☐ Mutter Theresa ☐ Schatzi ☐ Kotzi
☐ Ich habe keinen Namen verdient, denn ich habe Schande über mich und die Meinen gebracht

Wie alt bist du?

☐ minus 15 ☐ unter 20 ☐ über 20 ☐ irgendwas über 60 (gefühlt)

Welche Farbe haben deine Haare?

☐ Welche Haare? ☐ blond ☐ grau ☐ schwarz ☐ braun ☐ schmerzhaft

Auf alle Fragen nach langem Nachdenken eine Antwort gegeben? Wow, super! Du weißt aber nicht, ob die Antwort richtig oder falsch ist? Bitte hör sofort auf mit diesem Leistungsdenken! Bei uns gibt es kein Richtig oder Falsch! Allein der Versuch zählt! Eine große Leistung! Nun bist du reif für Phase zwei dieses schwierigen Prozesses.

Mittelstufe:

Wo bin ich?

Versuch die Augen ein klitzekleines bisschen weiter aufzumachen. Hey, das gilt nicht, das waren nur 2 Millimeter!! Komm, du schaffst das!

So, und nun schau dich ein bisschen um. Was ist da links oben in deinem Blickfeld? Und was könnte das rechts unten sein? Wenn du mutig bist, kannst du es an dieser Stelle auch schon mit langsamen Kopfbewegungen versuchen.

Nun versuche, deine Umgebung zu erkennen. Also nicht nur zu sehen, sondern auch wiederzuerkennen. Aber keine Panik, auch hier wieder eins nach dem anderen ...

Was siehst du? Ist es ...

☐ sehr hell ☐ dunkel ☐ Weiß ich nicht, hab die Augen immer noch zu

Was fühlst du? Ist es ...

☐ nass ☐ hart ☐ weich und trocken

Was hörst du? Ist es ...

☐ laut – Autos? Vögel? Menschen? Musik? Schreie? Waffen?

☐ ein bisschen laut, weiter weg hört man Autos? Vögel? Menschen? Musik? Schreie? Waffen?

☐ leise, eine Fliege summt? Ein Mensch schnarcht?

☐ totenstill

Neben dir liegt …

☐ niemand ☐ mein(e) Partner(in) ☐ eine fette Katze

☐ Kann nicht richtig erkennen, wer

Die Umgebung kommt dir …

☐ sehr bekannt vor ☐ komisch vor ☐ total unbekannt vor

☐ in Schemen vertraut vor

Prima! Du fängst an, dich den Tatsachen zu stellen. Du traust dich in die harte Realität, das ist außerordentlich mutig! Nun kommt der letzte Schritt, die sensibelste Phase: die Erinnerung.

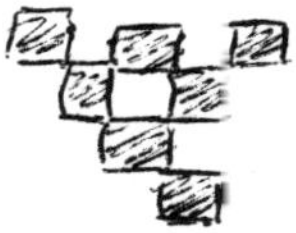

Fortgeschrittenenstadium:
Was ist hier verdammt noch mal passiert?

Nachdem du jetzt vermutest, wer du bist, und eine ungefähre Ahnung hast, wo du sein könntest, wird es Zeit, die Geschehnisse zu rekonstruieren.

Du bist …

☐ ein Mann ☐ eine Frau ☐ über Genderstereotype erhaben

☐ ein Häuflein Elend?

➲ War das schon immer so?

➲ Ja? Dann ist ja alles gut! Entspann dich!

➲ Nein? Was ist hier passiert? Geschlechtsumwandlung, Genderseminar, eine Löffelchenstellung, Wiedergeburt, wilde Party mit anschließendem miesem Kater?

Du heißt …

☐ Elvis ☐ Christian ☐ Mutter Theresa ☐ Schatzi ☐ Kotzi

☐ Ich habe keinen Namen verdient, denn ich habe Schande über mich und die Meinen gebracht

➲ War das schon immer so?

➲ Ja? Dann ist ja alles gut! Entspann dich!

➲ Nein? Was ist hier passiert? Sex mit einem Hello-Kitty-Mädchen, Karaoke-Bar gestürmt, fremden Menschen in der Not geholfen, neuen Liebsten gefunden, den Boden gedüngt, eine wilde Party gefeiert, bei der du ein bisschen übertrieben hast?

Du liegst …

☐ im Nassen ☐ hart ☐ weich und schön trocken?

➲ War das schon immer so?

➲ Ja? Dann ist ja alles gut! Entspann dich!

➲ Nein? Bist Du etwa … ? Blutüberströmt, Bettnässer, im Kellergewölbe gelandet, im Luxushotelbett, Gefängnis, in einem Schlachtfeld, das früher deine Wohnung war?

Du hast ...

☐ Blonde ☐ schwarze ☐ braune ☐ graue ☐ schmerzhafte Haare?

➔ War das schon immer so?

➔ Ja? Dann ist ja alles gut! Entspann dich!

➔ Nein? Was ist passiert? Nachts eine coole Idee für einen neuen Style gehabt, neue politische Gesinnung, seit Jahren zum ersten Mal wieder in den Spiegel geguckt, eine wilde Party gefeiert, die sich jetzt richtig übel rächt?

Du hörst ...

☐ es ist laut ☐ es ist ein bisschen laut ☐ leise ☐ totenstill

➔ War das schon immer so?

➔ Ja? Dann ist ja alles gut! Entspann dich!

➔ Nein? Was ist passiert? Du bist in der Nacht in ein Flugzeug gestiegen und im Krisengebiet gelandet, auf einem Open-Air-Festival, Blumenwiese, Schlafzimmer, Sarg?

Neben dir liegt ...

☐ niemand ☐ mein(e) Partner(in) ☐ eine fette Katze

☐ kann nicht richtig erkennen, wer

➔ War das schon immer so?

➔ Ja? Dann ist ja alles gut! Entspann dich!

➔ Nein? Dann hast du heute Nacht wohl jemand Wichtigen verloren! Herzlichen Glückwunsch zur neuen Beziehung! Gib sofort dem Nachbarn seine Katze zurück!

Deine Umgebung ist dir ...

☐ sehr bekannt ☐ leicht vertraut ☐ komisch ☐ total unbekannt

➔ War das schon immer so?

➔ Ja? Dann ist ja alles gut! Entspann dich!

➔ Nein? DANN MACH DIE AUGEN AUF!!!

Time to say Goodbye – die besten Abgänge

Nachdem ihr euch jetzt durch den Rückführungskurs an die Begebenheiten der letzten Nacht erinnert, entscheidet ihr euch nun nach der gnadenlosen Konfrontation mit der Realität für die einzige sinnvolle Aktion: den panischen Rückzug. Wie bei fast allem im Leben gibt es hier aber auch unterschiedliche Niveaustufen für diese Extremsportart.

Das Abseiling

Einsatzgebiet: höhere Fensterfluchten, Palasttürme
Ausrüstungsgegenstand: Bettlaken, Haarzopf, Kabelsalat
Gefahren: Satinbettwäsche, Haarspliss, Kurzschlüsse

Das Balcony-Jumping:

Einsatzgebiet: Balkon ebenerdig oder 1. Stock bis 2. Stock
Ausrüstungsgegenstand: zwei stabile unverwüstliche Sprunggelenke
Gefahren: weiche Knie

Das Door-Using

Einsatzgebiet: Türen in Zimmern, Wohnungen, Häusern, Gebäuden jedweder Art
Ausrüstungsgegenstand: ein sicherer Griff und eine kleine Ölflasche
Gefahren: Knarzen, Knirschen, Quietschen, und der fiese Feind Schlüssel (nie da, wenn man ihn braucht)

Das Goodbye-Saying:

Einsatzgebiet: bei der Unmöglichkeit eines heimlichen Abgangs oder bei Wunsch nach Wiedersehen mit Kontaktperson
Ausrüstungsgegenstand: die richtigen Worte, Tiefenschutz, dicke Haut
Gefahren: körperliche und seelische Gewalt, der Verlust der Würde oder des Herzens

Fast-Running:

Einsatzgebiet: überall
Ausrüstungsgegenstand: gute Schuhe, der Vorname Lola
Gefahren: Zeitschleifen, harte Hindernisse im Weg, die einfach nicht ausweichen

Die besten Ausreden

... für den Freund/Freundin

Warum du dich gestern nicht mehr gemeldet hast ...

„Ich habe mein Handy bei einer Nachttombola verlost."

„Der Bieber (Hund, oder Bodo mit dem Bagger)
hat mein Handy vergraben."

„............ (Name eines Freundes) hatte einen Herzstillstand,
und wir haben meinen Handy-Akku für die
Defibrillation gebraucht."

Warum du nicht zu Hause geschlafen hast ...

„Ich habe herausgefunden, dass ich ein Psychokiller bin,
und wollte dich schützen."

„Ich bin gestern verheiratet worden und musste die Nacht
mit meinem neuen Ehepartner verbringen."

„Nach einem Kanon am Fenster wurden meine Freunde und ich
vom Fleck weg als Vorband von One Direction engagiert und
mussten zur Vertragsunterzeichnung nach London."

… für den Chef/den Prof

Warum du drei Stunden zu spät bist …

„Ich habe gestern meinen Kopf verloren und musste ihn heute erst suchen."

„Machen Sie mir keine Vorwürfe, ich habe gestern Nacht den Euro gerettet!"

„Guten Tag, ich wollte nur kurz mein Rücktrittsgesuch einreichen."

… für Mama und Papa

Warum du mit Sonnenbrille und Fahne auf der Familienfeier aufkreuzt …

„Ich bin heute Nacht von einem Vampir gebissen worden. Jetzt vertrage ich die Sonne so schlecht.“

„Ich habe gestern Abend den Sinn des Lebens entdeckt, und jetzt blendet mich die Erleuchtung so.“

„Ich habe gestern als Ausdruckstänzer internationalen Ruhm erlangt, und ich bin jetzt inkognito unterwegs.“

Das Ringen mit dem Kater

Okay, wir geben's zu: Der Morgen danach ist zum Kotzen. Manchmal wortwörtlich. Wenigstens geht es einem danach besser. Hier eine kleine Liste der Dinge, die sonst noch helfen:

Gestern habt ihr viele Elektrolyte verloren, darum habt ihr euch heute euer Junkfood redlich verdient: Alles, was salzig und fettig ist, tut gut. Wem noch zu flau im Magen ist, um feste Nahrung zu sich zu nehmen, dem ist auch mit Salzstangen oder einer Brühe geholfen.

::

Ein Kühlpaket oder kalter Waschlappen am Kopf hilft gegen Schmerzen.

::

Wenn ihr im Bett liegt und sich dort alles dreht, könnt ihr einen Fuß auf den Boden stellen, dann beruhigt sich der innere Seegang.

::

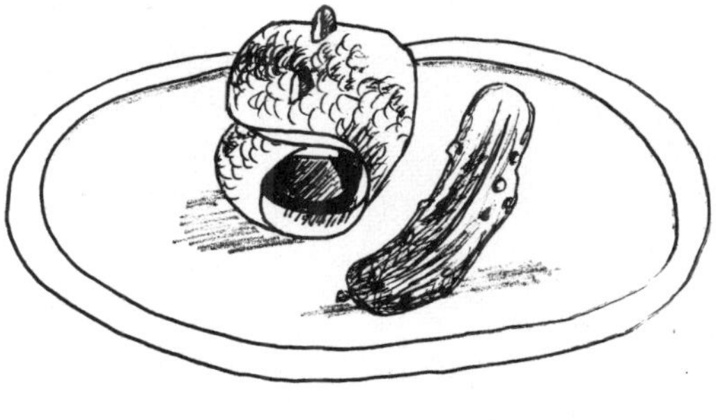

Viel trinken! Aber lieber keinen Kaffee oder Cola, denn Koffein ist zumindest dann nicht gut, wenn ihr ohnehin schon Herzrasen habt. Purer Saft ist auch nicht zu empfehlen, denn die Fruchtsäure könnte sich empfindlich mit eurer geschundenen Magenschleimhaut streiten. Gut verträglich ist aber Tomatensaft, denn die Fruktose beschleunigt den Alkoholabbau. Außerdem hilft Hagebuttentee, der hat einen hohen Vitamin-C-Gehalt und schont dabei den Magen.

::

Espresso mit einem Schuss Zitronensaft ist (für alle ohne Herzrasen) gut gegen Kopfschmerzen. Auf Schmerzmittel solltet ihr möglichst verzichten – eure Leber hat auch ohne zusätzliche Chemie schon genug Arbeit.

::

Duschen – am besten kalt. Klar, da ist erst mal Überwindung nötig, aber es regt den Kreislauf an, und es tut unheimlich gut, Rauch und Alkoholdunst aus den Haaren zu waschen. Also Wasser marsch!

::

Vielleicht traut ihr euch jetzt auch wieder nach draußen? Das wäre gut, denn frische Luft – am besten in Kombination mit Bewegung – ist gut für den Kreislauf und beschleunigt den Alkoholabbau. Wenn an einen Spaziergang nicht zu denken ist, hilft auch ein offenes Fenster.

::

Kommt man einfach nicht aus dem Bett, kann man sich zumindest seine Lieblingsfilme oder -serien anschauen, die spenden Trost und Geborgenheit.

::

Man sollte NICHT mit seinen Eltern telefonieren und besser nicht abheben, falls sie anrufen – die merken sofort, dass was nicht stimmt, und machen sich nur Sorgen.

::

Gegen moralischen Kater („Oh nein, was habe ich nur getan?!") hilft am besten ein Anruf bei den gestrigen Gefährten, um sich ihrer andauernden Liebe zu versichern. Oder ein Blick in das Buch, zum Beispiel auf das Gruppenmanifest.

::

You are simply the best!

Herzlichen Glückwunsch, du hast ein Spiel gewonnen, und Vorteilen von dieser Seite belohnen.

Du bist der Star: Lass dich von deiner Gruppe als Prominente/r inszenieren – mit Autogrammkarten, Papparazzi-Fotos und einer Horde wildgewordener Fans.

::

Happy-Fake-Birthday: Du bist das Geburtstagskind, die anderen gratulieren dir, feiern und besingen dich mit allen Ehren! Vielleicht staubst du ja noch ein paar Freigetränke ab.

::

Der Bund der Ehe: Lass dir von dem Spieler, der dieses Spiel verloren hat, einen öffentlichen Heiratsantrag mit allem Drum und Dran machen. Inklusive niederknien und einem schmalzigen Song im Hintergrund. Gern auch von den Mitspielern im Chor gesungen. Vielleicht treibt ihr ja auch noch einen Ring auf.

::

Der Klassiker, ein extrem unspektakulärer Gewinn und dennoch immer wieder gern gewählt und genossen: Lass dir von dem Verlierer des Spiels ein Getränk deiner Wahl ausgeben.

::

Lebe lieber umsonst: Spar dir den nächsten Eintritt, und lass dich von deiner Truppe umsonst in den nächsten Club oder in ein Konzert schleusen.

::

nun darfst du dich mit Egostreicheleien und finanziellen

Der Packesel: Die ewige Schlepperei nervt schon! Lass dir von einem Mitspieler deiner Wahl für eine Stunde die Tasche/die Jacke/ das Bier tragen.

::

Der Bodyguard: Wenn es voll in 'ner Bar ist, ist der Weg zum Tresen kein Vergnügen. Wie gut, dass dir nun zwei Mitspieler den Weg freihalten.

::

Light my fire: Lass dir vom Verlierer dieses Spiels für den Rest des Abends Feuer geben!

::

Gewinner laufen nicht, sie fliegen – oder werden zumindest ein Stückchen Huckepack getragen.

::

Die Klounterhaltung: Der Gang auf's Klo ist mit Zeit und Geduld verbunden. Wie schön, wenn man da jemanden zum Quatschen hat. Wähl deine Klofrau oder deinen Klomann aus, der dich das nächste Mal auf das stille Örtchen begleitet.

::

Die Last des Losers

Da hast du nicht nur das Spiel verloren, jetzt musst du dir
Na Hauptsache, die anderen haben ihren Spaß.

Hülle dich in einen Bademantel, und torkle als Schlafwandler zur nächsten Tankstelle, wo du den anderen einen Lolli kaufst.

::

Stelle einem fremden Menschen in deiner nächsten Umgebung die Frage mit dem exakten Wortlaut: „Darf ich Ihnen eine intime Frage stellen? Müsste ich aus gesundheitlichen Aspekten heraus etwas über Sie wissen, falls wir in sexuellen Kontakt treten?“

::

Deine nächste Bestellung in der Bar darf nur in Zeichensprache stattfinden. Bevor du dich aber zu früh freust: Das zeigen auf Objekte, sprich deine Bierflasche etc., ist verboten.

::

Der Verlierer versucht, für den Vorletzten eine Ehe mit einem Außenstehenden zu arrangieren – und davon zu profitieren. Biete Frau für vier Camel! Biete Mann für vier Bier!

::

Stelle einem fremden Menschen in deiner nächsten Umgebung die folgende Frage: „Entschuldigung, habe ich etwas zwischen den Zähnen?“

::

hier auch noch so 'ne bescheuerte Strafaufgabe abholen ...

Präsentiere deine beiden Daumen einem Fremden, und erkundige dich bei ihm, ob sie seiner Meinung nach gleich lang seien.

::

Stelle einem Fremden folgende Frage, um ein bisschen Panik auszulösen: „Oh weh, hast du eigentlich zu Hause den Herd ausgeschaltet?“

::

Halte dem Gewinner des Spiels auf dessen Wunsch den Platz frei und warm, wo immer er auch steht, sitzt, verteidige sein Revier!

::

Du sorgst für den richtigen Anschluss bei den öffentlichen Verkehrsmitteln und findest für alle Mitfeierer die gewünschten Abfahrtszeiten und Verbindungen von U-Bahn, Bus und Tram heraus.

::

Lass dich zum Laufburschen machen, und übernimm den Gang zur Garderobe, zur Pommesbude, zur Bar.

::

Hier ist Platz für eure Fotos

Auflösung Wortklabauter

friscogenital ⇒ Das kalte Gefühl, wenn man sonnengewärmt in noch nasse Badekleidung steigt.

::

Wildklick ⇒ Das panische und orientierungslose Herumprobieren in einem unbekannten Computerprogramm, bei dem man sich vor jemand anderem als Kenner profilieren möchte. („Ich hab's gleich. Da gab's diese Funktion …")

::

Mindsnapping ⇒ Fremde Ideen verbal als die eigenen kennzeichnen.

::

Autohumorist ⇒ Jemand, der am liebsten über die eigenen Witze lacht.

::

Prekärurination ⇒ Konflikten aus dem Weg gehen, indem man auf die Toilette geht.

::

Waschdilemma ⇒ Eigentlich müsste man dringend los, aber die Waschmaschine braucht noch. Wenn man dann erst in ein paar Stunden zurückkehrt, riecht die Wäsche muffig. Andererseits ist der Termin aber auch wichtig weshalb man nicht zu spät kommen will, doch die Maschine später noch mal anzustellen wäre Energieverschwendung, andererseits …

::

Pubertätsdünkel ⇒ Der völlig ungerechtfertigte Stolz mittelalter Männer darüber, dass sie sich immer noch wie in der Pubertät fühlen.

::

Digitalsamkeit ⇒ Das vergebliche Checken von Facebooknachrichten, E-Mails etc. und feststellen, dass einfach jedes Postfach jeglichen digitalen Mediums leer ist, weshalb man sich ganz schön einsam fühlt.

::

Müllgration ⇒ Das Phänomen in WGs, dass sich der volle, stinkende Müllbeutel so gut in seine Umgebung integriert, dass ihn jeder Mitbewohner übersieht und nicht runterträgt.

Auflösung Rorschachtest

Sieht man Menschen und Haustiere, spricht das für einen sozialen Charakter, Fledermäuse, Knochen, Dämonen & Co. dagegen für psychopathische Neigungen.
Erkennt man Bewegungen (zum Beispiel einen hoppelnden Hasen), spricht dies für Kreativität. Dreht man die Testbilder vor der Interpretation, deutet das auf Risikobereitschaft, und legt man in der Deutung den Fokus auf die Farbe, zeigt das ebenfalls Kreativität.

(Falls ihr euch durch eure Interpretation als zukünftige Psychopathen herausgestellt habt: Seid unbesorgt, dieser Test ist in Fachkreisen hochumstritten – doch wer weiß …)

Hinweise zur Schatzsuche

Hinweis 1)
wird den Schatzjägern ausgehändigt.

Hinweis 2)
wird beim Fernseher, beim Laptop, Computer oder in einer Tageszeitung versteckt.

Hinweis 3)
wird im Backofen, in der Mikrowelle, bei einem Heizkörper versteckt.

Hinweis 4)
wird in diesem Buch zwischen den Seiten versteckt.

Hinweis 5)
wird bei einem Spiegel oder einer Toilette versteckt.

Hinweis 6)
wird am Körper des Gastgebers versteckt.

Hinweis 7)
wird in der Badewanne / Dusche versteckt.

Die kostbare Flasche ist im Bett versteckt.

Hinweis 1)
Sucht den Schatz bei dem Fenster zur Welt!

Hinweis 2)
Sucht den Schatz, wo die sengende Hitze der Wüste Sahara herrscht!

Hinweis 3)
Sucht den Schatz in eurer Bibel!

Hinweis 4)
Sucht den Schatz, wo die tägliche Selberkenntnis stattfindet!

Hinweis 5)
Sucht den Schatz an dem Fleisch und Blut des Dämons, der das flüssige Gold geklaut hat.

Hinweis 6)
Sucht den Schatz im Element der Piraten, im größten Meer!

Hinweis 7)
Sucht den Schatz in den Armen Morpheus'
(nicht der von Matrix!)